Lenoir | Weisheit und wie wir sie finden

Frédéric Lenoir, geb. 1962, ist Philosoph, Religionswissenschaftler, Soziologe und Schriftsteller. Seine Bücher stehen regelmäßig auf der französischen Bestsellerliste. Bei Reclam erschien 2018 sein *Offener Brief an die Tiere und alle, die sie lieben*.

Frédéric Lenoir

Weisheit und wie wir sie finden

Aus dem Französischen übersetzt
von Alexandra Beilharz

Reclam

2019 Philipp Reclam jun. Verlag GmbH,
Siemensstraße 32, 71254 Ditzingen

Die französische Originalausgabe erschien unter dem Titel *La sagesse expliquée à ceux qui la cherchent* bei Éditions du Seuil, Paris.

Umschlaggestaltung: zero-media.net
Umschlagabbildung: FinePic®
Druck und buchbinderische Verarbeitung: Kösel GmbH & Co. KG,
Am Buchweg 1, 87452 Altusried-Krugzell
Printed in Germany 2019
RECLAM ist eine eingetragene Marke
der Philipp Reclam jun. GmbH & Co. KG, Stuttgart
ISBN 978-3-15-011216-8

Auch als E-Book erhältlich

www.reclam.de

FSC
www.fsc.org
MIX
Papier aus verantwortungsvollen Quellen
FSC® C013736

Inhalt

Auch wenn uns die Gelehrsamkeit anderer gelehrt machen sollte – weise sein können wir nur durch unsere eigene Weisheit.

Michel de Montaigne, *Essais*, I,25.

Möchtest Du ein gutes Leben führen?

Wir werden in diesem kleinen Buch durchweg miteinander reden und deshalb bitte ich Dich, lieber Leser, dass du Dich zunächst selbst zu Deinem eigentlichen Anliegen befragst. Das Wort »Weisheit« kann tatsächlich zwei recht unterschiedliche Bedeutungen haben. Hast Du dieses Buch aufgeschlagen, weil Du bedacht und vorausschauend handeln möchtest? Oder eher, weil Dir Dein Leben gut gelingen soll, weil Du ein gutes, aufrechtes und glückliches Leben führen möchtest? Die Weisheit im philosophischen Sinn, für die ich mich interessiere, beinhaltet das Ideal eines gelingenden Lebens. Ist es das, wonach Dir der Sinn steht? Also suchst Du nicht nach einem erfolgreichen Leben im landläufigen Sinne – in dem Du einen guten Beruf hast und viel Geld verdienst –, sondern nach einem für Dich gelingenden Leben: nach einem schönen und glücklichen Dasein.

Seit jeher haben sich Menschen die Frage nach dem Sinn des Lebens gestellt: Sind wir nur auf der Erde, um zu essen, zu schlafen, uns fortzupflanzen, zu arbeiten und uns zu vergnügen? Oder könnte das menschliche Leben noch einen anderen Sinn haben? Immer und überall haben Männer und Frauen versucht, diese Frage zu beantworten. Die Antworten, die sie aus ihrem Wissen und ihrer Erfahrung geschöpft haben, weisen stets in die gleiche Richtung. Sie meinen, in unserem kurzen Dasein sei es das Wichtigste zu lernen, wie man mit Herz und Verstand lebt. Nur so kann man sein Leben bestmöglich führen und an menschlicher Größe gewinnen, um zutiefst glücklich und für andere nützlich zu sein. Um das Schlechte zu überwinden, das unsere Seele verdunkelt und unsere zwischenmenschlichen Beziehungen vergiftet. Genau das nennt man »Weisheit«: das Ideal eines stolzen, bewussten, klarsichtigen, verantwortungsvollen, liebevollen, harmonischen, gerechten, heiteren, fröhlichen und freien Lebens zu verfolgen.

Ich versuche durchaus, dieses Ideal zu erreichen, aber ist das überhaupt möglich?

Es ist in der Tat sehr schwer zu verwirklichen, und deshalb definiere ich Weisheit als ein Ideal, nach dem man strebt, weniger als ein Ziel, das man um jeden Preis erreichen muss. Will man weiser werden, muss man eine fundamentale Wahl treffen, die unser Leben verändern kann: Es geht darum, unsere Werte in eine Reihenfolge zu bringen. Was ist wichtig und was nicht? Welche Prioritäten setze ich im Leben? Möchte ich in erster Linie äußeren oder inneren Reichtum besitzen? Möchte ich von allerhand materiellen Gütern umgeben sterben oder lieber im Kreis einiger guter Freunde?

Das eine schließt ja nicht zwangsläufig das andere aus! Kann man denn nicht zugleich reich und weise sein?

Selbstverständlich. Geld und gesellschaftlicher Erfolg stehen nicht unbedingt im Widerspruch zur Weisheit. Es gibt reiche, mächtige Menschen, die gut und weise sind, sowie arme, unbekannte Menschen, die habgierig und böse sind. Der römische Kaiser Marc Aurel war einer der reichsten und mächtigsten Männer seiner Zeit. Gleichzeitig war er ein weisheitsliebender Mann, der ein gerechtes Leben führen wollte. Er wäre jedoch auch bereit gewesen, auf seinen gesamten Reichtum und seine Macht zu verzichten, sofern diese seiner Seele Schaden zugefügt hätten, denn die Suche nach Weisheit war sein höchstes Ziel.

Und das ist die Frage, die ich Dir stelle: Was ist das Wichtigste für Dich? Dein Leben zu meistern und nach einem ebenso schönen wie glücklichen Dasein zu streben, egal wie sehr Du Dich bemühen müsstest, um diesem Ideal näher zu kommen? Oder ist es wichtiger für Dich, Erfolg im Leben zu haben, reich und anerkannt zu sein, selbst wenn beide Lebensformen wie gesagt nicht notwendigerweise unvereinbar sind?

Es gibt auch Menschen, die nur versuchen, gut zu schlafen, zu essen, sich zu lieben, sich zu vergnügen, ohne über weitere Fragen nachzudenken, und die weder an sich selbst arbeiten noch etwas zur Verbesserung der Welt beitragen möchten. So sagte Maimonides, der große jüdische Denker des 12. Jahrhunderts:

> Jeder Mensch kann ein Gerechter werden […] oder ein Frevler […], er kann weise werden oder beschränkt […]. Doch niemand ist da, der ihn zwänge, niemand, der über ihn beschlösse, niemand, der ihn hinzöge nach dem einen von zwei Wegen; sondern aus sich selbst und seiner Erkenntnis wendet er sich dem Wege zu, den er will.
>
> *Moses Maimonides. Ein Querschnitt durch das Werk des Rabbi Mosche BenMaimon / Moses Maimonides*, S. 76 f.

Zwar würde ich, unter Berufung auf Spinoza und Freud, diesen absoluten Glauben an den freien Willen des Menschen differenzierter betrachten, denn immerhin werden wir stark durch unsere unbewussten Affekte gesteuert. Allerdings stehen wir unaufhörlich vor moralischen Entscheidungen, die unser Leben in möglicherweise diametral entgegengesetzte Richtungen lenken. Doch wer nach Weisheit sucht, der möchte vorankommen, wachsen, sein Potential an Intelligenz, Kreativität und Gutherzigkeit entwickeln. Er wird auch versuchen, sich zu engagieren, um das Geschick der ihn umgebenden Welt zu verbessern.

Und Du? Welche Prioritäten hast Du im Leben? Dank Deiner erfolgreichen Bücher bist Du relativ reich und bekannt. War das Dein Hauptziel?

Es ist wichtig, dass ich diese Frage beantworte, denn wie könnte ich von Weisheit sprechen, wenn ich nicht selbst diesen Weg eingeschlagen hätte, wenn ich keinen Gefallen an ihm fände oder keine Erfahrung mit ihm hätte! Für die Philosophen der Antike ist Weisheit zugleich theoretisches (griech. *sophía*) und praktisches Wissen (*phrónēsis*). Das eine ist ohne das andere nicht denkbar. Wie mein Freund André Comte-Sponville, ein echter Liebhaber der Weisheit, sagt: »Der Weise überdenkt sein Leben und lebt seine Gedanken.« Es geht folglich immer um den Versuch, eigene Ideen und Überzeugungen in seinen Handlungen umzusetzen. Das bedeutet nicht, dass beides immer perfekt übereinstimmt, sondern dass wir uns ständig darum bemühen sollten.

Um Deine Frage zu beantworten: Ich habe mir seit meiner Kindheit Gedanken über den Sinn des menschlichen Lebens gemacht. »Warum sind wir auf der Welt?«, fragte ich mich immer wieder. Eine erste Antwort auf diese Frage zeichnete sich für mich ab, als mir mein Vater, da war ich dreizehn oder vierzehn, Platons *Gastmahl* zu lesen gab. Ich habe dann alle sokratischen Dialoge verschlungen und begriffen, was ich später wirklich machen wollte: Ich wollte lernen, mich selbst zu erkennen, ich wollte die Welt ergründen und so an Weisheit hinzugewinnen! Als Jugendlicher habe ich philosophische, psychologische und religionswissenschaftliche Bücher gelesen, die mich auf meiner Suche nach Weisheit voranbrachten. Nach dem Abitur habe ich mich für ein Philosophiestudium eingeschrieben, ein Fach also, dessen Bezeichnung ›Liebe zur Weisheit‹ bedeutet. Ich habe mehrere Monate in Indien gelebt und bei tibetischen Weisheitslehrern gelernt zu meditieren. Während dieser intensiven Suche nach Spiritualität hatte ich auch ein beeindruckendes mystisches Erlebnis, das mir Jesus Christus nahegebracht hat. Deshalb bin ich mit zwanzig in ein Kloster eingetreten, habe allerdings parallel mein Philosophiestudium fortgesetzt. Nach drei Jahren und drei Monaten habe ich das Kloster wieder verlassen, ohne das Ordensgelübde abzulegen; denn obwohl mir das karge und kontemplative Leben dort gefiel, war ich weder dafür geschaffen, den Dogmen einer wie auch immer gearteten Kirche zu folgen, noch das Keuschheitsgelübde abzulegen. So habe ich dann meine unvoreingenommene Suche nach Weisheit wieder aufgenommen, mich vor allem für Buddhismus interessiert und meine Doktorarbeit über das Zusammenwirken von Buddhismus und abendländischem Denken verfasst. Seitdem habe ich nicht aufgehört zu studieren, zu lesen und über die großen existentiellen Fragen, auch zur Weisheit, nachzudenken bzw. zu meditieren.

Zugleich habe ich mich stets bemüht, ein gutes und glückliches Leben zu führen, indem ich intensiv an mir selbst gearbeitet habe: Fast zwanzig Jahre lang habe ich verschiedene Therapien gemacht! In diesen therapeutischen Behandlungen konnte ich mich selbst besser kennenlernen und zahlreiche Blockaden, Ängste sowie Trauer und Zorn über meine in emotionaler Hinsicht schmerzliche Kindheit überwinden. So habe ich – auch mithilfe von Meditation – gelernt, besser mit meinen Emotionen umzugehen und sie zu beherrschen, meinen Körper, meinen Geist und meine Seele in Einklang zu bringen. Harmonieren diese verschiedenen Bestandteile unseres Wesens miteinander, ist man der Weisheit schon wesentlich nähergekommen. Auf diesen Aspekt werde ich noch zurückkommen.

Aber jetzt zu Deinen Fragen im Hinblick auf Geld und soziale Anerkennung. Geld war für mich nie ein Wert an sich, auch wenn ich heute dank des Erfolges meiner Bücher sehr gut verdiene. Dieser Erfolg kam, als ich 42 Jahre alt war und schon um die zwanzig Bücher veröffentlicht hatte, die sich nur mäßig gut verkauft hatten. Trotzdem war ich kein bisschen unglücklich. Ich habe nie meine Prioritäten aus den Augen verloren, egal ob ich gut oder schlecht verdient habe, ob ich bekannt war oder nicht. Als ich anfing, viele Bücher zu verkaufen, habe ich mir durchaus ein paar materielle Wünsche erfüllt, beispielsweise habe ich mir einen Sportwagen mit offenem Verdeck gegönnt! Dann wurde mir das allerdings langweilig, ich habe das Cabrio weiterverkauft und wieder mein altes Auto aus der Garage geholt; es ist heute über zwanzig Jahre alt und hat 350 000 Kilometer auf dem Buckel. Der größte Teil meines Einkommens geht als Steuer an den Staat (und kommt somit der Gesellschaft zugute), oder ich spende ihn verschiedenen, teilweise von mir gegründeten Gesellschaften und Stiftungen. Ich lebe sehr gut, aber ohne Extravaganzen. Was gesellschaftliche Anerkennung anlangt, so habe ich in vielen Therapiejahren verstanden, dass ich sie für eine gewisse Zeit brauchte, um meinem Vater zu beweisen, dass er auf mich stolz sein könne. Doch als ich erst einmal echtes Selbstvertrauen entwickelt und diese Neurose bewältigt hatte, konnte ich mich vom Bedürfnis nach Anerkennung befreien. Meine Bekanntheit gestattet mir, meine Ideen zu verbreiten, und darüber bin ich glücklich. Heute ist mein einziger Lebensinhalt, an menschlicher Größe zu gewinnen und somit anderen nützlich zu sein.

Also bist Du ein weiser Mensch?

Nein, überhaupt nicht! Noch einmal: Weisheit ist ein Ideal, welches ich anstrebe. Aber obwohl ich versuche, meine Werte, Gedanken und Handlungen so gut wie möglich in Einklang zu bringen, gibt es noch Bereiche, in denen mir das nur schwer gelingt! Ich schaffe es nicht, bestimmte Neigungen meines Wesens zu korrigieren. Das Wichtigste ist, Weisheit wirklich zu begehren sowie wachsen, sich verändern, sich verbessern zu wollen. Es ist immer besser, sich auf die Suche zu begeben, auch wenn diese unabgeschlossen bleibt, als ganz aufzugeben oder sich vorzuwerfen, dass man ein zu hohes Ideal verfolgt. Im Übrigen werde ich innerlich und äußerlich immer glücklicher, und nur wenige Dinge erschüttern diese Freude und Heiterkeit. Doch wer weiß, ob ich sie nicht schon morgen aufgrund eines Todesfalls in der Familie oder einer schweren Krankheit verliere?

Du willst sagen, das Wichtigste ist, sich ein Ziel, eine Richtung zu geben und zu versuchen, diesen zu folgen – auch wenn man nie sicher ist, wirklich anzukommen?

Genau. Eine meiner liebsten Maximen, die ich habe drucken und rahmen lassen, ist ein von Seneca inspirierter Satz aus Montaignes *Essais*: »Was nützt mir der beste Wind, wenn ich nicht weiß, zu welchem Hafen ich segeln will.« Das heißt, wer im Leben vorankommen will, sollte einen Hafen, ein Ziel anstreben und nach Mitteln suchen, um sie zu erreichen, anstatt ziellos umherzuirren. Niemand hat je ein höheres Ziel erreicht, der es nicht sehnlichst gewollt hätte. Was für die Welt der Künstler, der Sportler, was für den Beruf oder die Familie zutrifft, gilt auch für das Ideal der Weisheit, also des schönen und glücklichen Lebens. Versuchen wir, so tief und dauerhaft wie möglich glücklich zu sein und verschaffen wir uns die Mittel dazu, dann wird uns auch der Wind günstig sein. Versuchen wir, intelligentere, klarsichtigere, gütigere und verantwortungsbewusstere Menschen zu sein, dann haben wir alle Möglichkeiten, besser zu werden. Wenn wir hingegen nichts von alledem anstreben, ist es wenig wahrscheinlich, dass wir an menschlicher Größe gewinnen. Wenn man nur will, kann man sein Leben zu einem Kunstwerk machen, das einem dann wiederum hilft, sich weiterzuentwickeln.

Allerdings habe ich auch schon gelesen, dass »der Weise nichts erwartet«. Und dass man beispielsweise gemäß der buddhistischen Weisheitslehre alle Bedürfnisse auslöschen soll.

Buddha empfiehlt, das »Begehren-Verlangen« bzw. den Durst (*tanha* auf Sanskrit) auszulöschen, um nicht mehr zu leiden. Doch nicht jedes Begehren ist an sich schlecht, ganz im Gegenteil. Der Wunsch, sich zu bessern, an sich zu arbeiten oder Erleuchtung anzustreben, ist eine besonders wichtige und wohltuende spirituelle Form des Begehrens. Und dass »der Weise nichts erwartet«, bedeutet keineswegs, dass er nicht nach Weisheit strebt. Es bedeutet nur, dass er nicht in der Hoffnung und Erwartung leben soll, dass ihm Weisheit dann auch wirklich zuteil wird. Er muss seine ganze Kraft aufbringen, um die Weisheit zu erlangen, aber er darf den Erfolg nicht erwarten oder erhoffen, denn sonst verbrächte er sein Leben damit, enttäuscht zu sein! Wenn er auf diesem Weg voranschreitet, wenn er dabei in seiner Wachsamkeit besonders glücklich und gefestigt ist, umso besser. Wenn es ihm schwerfällt, sein Ziel zu erreichen und die Ergebnisse seiner Anstrengungen nicht immer befriedigend sind, ist das nicht schlimm. Die Suche nach Weisheit darf weder in einen Leistungsvergleich noch in einen Leistungsanspruch ausarten. Jedoch leben wir in einer Welt, die sogar im Bereich unseres Seins – »Du *musst* glücklich sein und dein Leben meistern« – aus Imperativen besteht, in der man Leistung, Effizienz und Rentabilität kultisch verehrt, was dem Geist der Weisheit grundsätzlich widerspricht. Wenn man Weisheit sucht, dann strebt man nicht danach, ein spiritueller Held zu werden, der weiseste oder tugendhafteste unter den Menschen zu sein, sondern sich, so gut wie man eben kann, weiterzuentwickeln, und zugleich seine Grenzen, seine Verletzlichkeiten und seine Schwächen zu akzeptieren. Die Suche nach Weisheit ist ein Weg voller Demut und Akzeptanz dessen, was ist.

Worin unterscheiden sich Weisheit, Spiritualität, Religion und Philosophie?

Du sagtest, dass die Menschen über ganz verschiedene Epochen und an unterschiedlichen Orten nach Weisheit gesucht haben. Wie kam es zu dieser allumfassenden Suche?

Wahrscheinlich hat der *Homo sapiens,* seit es ihn gibt, das Rätsel seiner Existenz hinterfragt. Die Tatsache, dass er für seine Toten Bestattungsrituale hatte und dass Archäologen oft Speisen oder Jagdwaffen als Grabbeigaben gefunden haben, zeigt auch, dass er in gewisser Weise an ein Leben nach dem Tod glaubte. Einen der ältesten Texte der Menschheit, das vor beinahe viertausend Jahren in Mesopotamien entstandene *Gilgamesch-Epos,* ist schon von Fragen zum Sinn des Lebens, zu Tod und Unsterblichkeit sowie zu der Möglichkeit, auf der Erde glücklich zu sein, durchzogen. Die großen Fragen der Philosophie werden darin angesprochen, wenn auch nur zum Teil beantwortet.

Zu jener Zeit waren menschliche Gesellschaften vollständig durch institutionalisierte Religionen geregelt, die Glauben und Rituale übermittelten sowie den verschiedenen, damals im Entstehen begriffenen antiken Hochkulturen als Zusammenhalt dienten. Der Einzelne zählte weniger als die Gruppe. Das *Gilgamesch-Epos* war der erste Text, in dem Bedürfnisse beschrieben wurden, die eher spiritueller und individueller als religiöser und kollektiver Natur waren. Dennoch sollte es noch über ein Jahrtausend dauern, bis sich die Fragen nach dem Schicksal jedes Einzelnen verbreiteten. Ungefähr in der Mitte des ersten Jahrtausends v. u. Z. begann in allen Kulturkreisen die Suche nach einem individuellen Glück, nach einem guten Leben, einem Heil oder einer Erlösung. Sei es in China, in Ägypten, Persien, Mesopotamien, Judäa, in Indien oder in Griechenland, überall fragte man nach dem Sinn des Lebens und beschäftigte sich ebenso mit dem Schicksal des Individuums wie mit dem des Gemeinwesens, des König- oder Kaiserreiches. Damit begann die Suche nach Weisheit, und zugleich entwickelten sich die großen spirituellen Strömungen der Menschheit, wie der Konfuzianismus und der Taoismus in China, der Hinduismus, der Jainismus und der Buddhismus in Indien, der Zoroastrismus in Persien, das jüdische Prophetentum in Israel, die Philosophie in Griechenland.

Alle diese Strömungen entstanden beinahe gleichzeitig in unterschiedlichen Kulturkreisen und Regionen der Welt. Haben sie einander inspiriert?

Es gab manchmal Wechselwirkungen. Von Pythagoras, einem der Väter der griechischen Philosophie, wird gelegentlich behauptet, er sei sogar in Indien gewesen. Das jüdische Prophetentum hat sich im Austausch mit der ägyptischen, babylonischen und persischen Zivilisation entwickelt. Doch sind direkte Kontakte selten; es ist wahrscheinlicher, dass manche Ideen und Anliegen zur gleichen Zeit in unterschiedlichen Kulturkreisen auftreten, ganz einfach aufgrund des universellen Charakters des menschlichen Geistes. Überall stellen sich Menschen egal welcher Hautfarbe dieselben Fragen, sie suchen das Glück, empfinden Eifersucht oder

Mitleid, die gleichen Schwierigkeiten des Zusammenlebens oder moralischen Dilemmata treiben sie um, und alle müssen sich mit der Trauer beim Tod ihrer Angehörigen auseinandersetzen. Sobald eine Gesellschaft ein bestimmtes Niveau an ökonomischer und kultureller Entwicklung erreicht hat, sobald grundlegende Bedürfnisse des Überlebens und der Sicherheit gewährleistet sind, entstehen die gleichen spirituellen Fragen.

Das wirft freilich größere politische und religiöse Probleme auf, denn wer die Weisheit preist, emanzipiert den Menschen in gewisser Weise vom Druck der Gruppe und der Tradition.

Du willst sagen, dass Weisheit das Individuum vom sozialen Einfluss befreit, egal ob dieser religiös oder politisch bedingt ist? Hätte Weisheit demnach einen revolutionären Charakter?

Absolut! Indem sie den Einzelnen auffordert, sich selbst und die Welt kennenzulernen, sein Wissen und seine Vernunft zu entwickeln, innerlich frei zu werden und sich gemäß seiner Natur zu entfalten, ist Weisheit zutiefst subversiv. Denn sie stellt sich den religiösen und politischen Mächten entgegen, die gemeinsam daran arbeiten, den Zusammenhalt und die Stabilität der sozialen Gruppe bisweilen sogar mit Gewalt aufrechtzuerhalten. Wenn der Einzelne beginnt, sich mit seinem Seelenheil oder persönlichen Glück zu beschäftigen, wenn er seine Vernunft und Erkenntnisfähigkeit entwickelt, läuft er Gefahr, den kollektiven Normen nicht mehr zuzustimmen. Und wenn er dann noch denkt, dass Liebe wichtiger sei als das Gesetz und dass alle Menschen gleich seien, weil alle nach Glück oder Erlösung streben, dann droht die Auflösung des gesamten politisch-religiösen Systems. Deshalb wurden auch die großen Begründer von

Weisheitslehren verfolgt, ja sogar getötet. Jesus wurde (wie zuvor schon andere israelitische Propheten) zum Tode verurteilt, und Buddha hat man zweifellos vergiftet, denn beide rühmten die Gleichheit aller Menschen und die Überlegenheit des Mitleids gegenüber dem Gesetz. Das konnten die damaligen religiösen und politischen Autoritäten nicht akzeptieren.

Mit seiner Lehre, dass jedes menschliche Wesen, ob Mann oder Frau, reich oder arm, durch eine persönliche, dem religiösen Ritual nicht verpflichtete, spirituelle Arbeit die Erweckung erlangen könne, ließ Buddha das Kastensystem, auf dem die gesamte indische Gesellschaft basierte (und noch heute in großen Teilen basiert), unwirksam werden. Er stellte die Selbstgefälligkeit der Brahmanen infrage, die meinten, dass nur sie Erlösung erreichen und religiöse, als unverzichtbar für die Aufrechterhaltung der Weltordnung geltende Rituale durchführen durften.

Indem er bestätigte, dass Liebe wichtiger ist als das Gesetz, indem er am Sabbat Heilungen vornahm oder als er die Steinigung der Ehebrecherin verhinderte, übertrat Jesus das jüdische Gesetz. Er predigte eine universelle Weisheit der Liebe, wodurch die Rolle der Priester ihre Gültigkeit verlor. Auch Sokrates wurde getötet, weil man ihn beschuldigte, die Jugend zu verderben und die Glaubenslehre der Stadt zu bedrohen. Da wir heute dazu neigen, Religion und Spiritualität miteinander zu verwechseln, verstehen wir den revolutionären Charakter einer spirituellen Suche nach Weisheit nicht mehr.

Kannst Du noch mal den Unterschied zwischen Religion und Spiritualität erklären? Ich bringe beide jetzt doch ein bisschen durcheinander.

Einfach gesagt: Religion ist kollektiv und Spiritualität individuell. Die Religion dient dazu, Individuen einer gleichen politischen Einheit (einer Stadt, einer Nation, eines Königreichs) miteinander zu *verbinden*, indem sie ihnen den Glauben an eine unsichtbare, sie überragende Transzendenz vermittelt.

Spiritualität ist die persönliche Anstrengung des Individuums, das sich *lösen* möchte von all seinen kulturellen Konditionierungen und intellektuellen Voraussetzungen, um Wahrheit, Liebe und echtes Glück zu suchen. Ein spirituelles Leben umfasst den Geist (das Wort ›spirituell‹ kommt von *spiritus*) und das Herz. Religion hingegen verlangt Gehorsam in Bezug auf Glaubenssätze, Dogmen, Regeln und Normen. Beide können dem gleichen Zweck dienen – der Suche nach Glück, Gerechtigkeit, Liebe und Frieden –, aber sie tun es mit unterschiedlichen Mitteln.

Das heißt, beide Dimensionen können auch nebeneinander existieren: Wir alle kennen religiöse und zugleich spirituelle Menschen, die gutherzig und aufgeschlossen sind, während andere blind die Dogmen ihrer Religion befolgen, ohne diese im Geringsten zu hinterfragen. Letztere können manchmal in Intoleranz und sektiererische Gewalt abgleiten.

Zusammenfassend würde ich sagen, dass der Mensch ein zugleich spirituelles und religiöses Lebewesen ist. Zweifelsohne gründet darin sein einzigartiger Charakter, der ihn von anderen Lebewesen abgrenzt. Spirituell ist er, weil er sich Fragen zum Sinn seines Daseins stellt und diese zu beantworten versucht, während er sich mithilfe von Herz und Verstand verbessern möchte. Er ist außerdem religiös, weil er ganze Gesellschaften erschafft, die auf seinem Glauben an unsichtbare, von ihm kultisch verehrte Entitäten beruhen. Die menschliche Geschichte lehrt uns, dass der *Homo sapiens* von metaphysischen Fragen ausging, als er begann, Religionen zu erfinden. Dann hat er sich davon wieder (mehr oder weniger, vielleicht auch ganz) emanzipiert, um spirituelle Strömungen jenseits der Religion zu entwickeln. Sie nennt man Weisheitslehren. Die großen philosophischen Schulen der Antike sind Weisheitslehren, weil sie eine Spiritualität preisen, die sich auf die Vernunft statt auf den religiösen Glauben beruft. Ebenso verhält es sich im Buddhismus, Konfuzianismus und Taoismus, wenngleich in diesen Strömungen bis heute Elemente von Religiosität gegenwärtig geblieben sind, weil sie eine politische Rolle als gesellschaftliches Bindemittel gespielt haben. Es gibt aber auch einzelne Denker wie Montaigne, Spinoza oder Krishnamurti, die eine eigene Weisheitslehre entwickelten und versuchten, diese in ihr Leben zu integrieren.

Du sagtest vorhin, dass das Wort Philosophie »Liebe zur Weisheit« bedeute. Ich habe aber eher den Eindruck, dass Philosophie eine sehr rationale Disziplin ist, die nicht viel mit der Jagd nach dem Glück und noch viel weniger mit Spiritualität zu tun hat!

Tatsächlich gilt das für das Fach Philosophie, so wie es heute an der Universität oder im Gymnasium gelehrt wird. Doch als die Philosophie im ersten Jahrtausend v. u. Z. in Griechenland entstand, war die Suche nach Weisheit ihr wichtigstes Ziel: *phílos* (Freund) *sophía* (der Weisheit). Dieses Streben nach Weisheit (also nach einem glücklichen Leben) erfolgt mithilfe der Vernunft, die der Wahrheitssuche dienen soll, wie auch Epikur sagt: »Die Philosophie ist eine Tätigkeit, die durch Argumentation und Diskussion das glückselige Leben verschafft.« Der Philosoph strebt nach Weisheit, doch möchte er sich keinen Täuschungen hingeben, weshalb er seinen Verstand einsetzt, um das Wahre und Richtige vom Unwahren und Falschen zu unterscheiden. Der Philosoph ist also weder ein Intellektueller noch ein Lehrer oder Experte, sondern ein Abenteurer des Geistes, der ein gutes und glückliches Leben voller Erkenntnis zu führen versucht. André Comte-Sponville fasst das folgendermaßen zusammen: »Weisheit ist das Maximum an Glück in einem Maximum an Erkenntnis.« Die Philosophie, so wie sie in der Antike erfunden wurde, dient nicht dazu, Spezialisten hervorzubringen, sondern die Menschen zu formen.

Heute hält man »Philosophen« für »Philosophiehistoriker« oder Kenner der Ideengeschichte. Zwar sind geistesgeschichtliche Kenntnisse sehr wertvoll, doch man kann auch philosophieren, ohne sie zu besitzen, solange man sich wundert, Dinge hinterfragt, argumentiert und versucht, sein Leben bestmöglich zu gestalten. Kinder können so etwas.

Somit hat sich die Philosophie der Antike über fast ein Jahrtausend rund um große, sehr unterschiedliche Strömungen entwickelt, die allerdings alle das Streben nach Weisheit zu ihrem Hauptziel gemacht hatten: Platonismus, Aristotelismus, Epikureismus, Stoizismus, Kynismus, Skeptizismus, Neuplatonismus. Obwohl diese philosophischen Schulen sich mit allen möglichen Disziplinen beschäftigen – mit Logik, Rhetorik, Mathematik, Physik, Kosmogonie –, bleibt der oberste Zweck ihrer Lehre doch das Glück und die Formung eines Menschen, der so viel wie möglich an innerer Größe hinzugewinnen soll.

Beispielsweise ist die atomistische Konzeption der Epikureer oder die Kosmologie der Stoiker wesentlich für ihre ethische Sicht auf unsere Existenz. Der Epikureer hat keine Angst vor dem Tod: Weil er denkt, dass alles aus Atomen besteht und seine Seele mit seinem Körper verschwinden wird, hat er von den Göttern oder einem Schicksal *post mortem* nichts zu befürchten. Der Stoiker hingegen gründet sein Handeln auf die Überzeugung, einen individuellen unsterblichen *logos* (griech. ›Vernunft‹) als Teil des universell-göttlichen *Lo-*

gos zu besitzen. Worin auch immer die Theorien der philosophischen Schulen der Antike sich unterscheiden mögen, sie alle empfehlen eine praktische, existentielle Philosophie, eine Lebenskunst und Lebensart. Wie Pierre Hadot, der große Historiker der Philosophie der Antike, treffend bemerkt hat:

> Die philosophische Tätigkeit erstreckt sich nicht nur auf das Wissen, sondern auf die eigene Person und das Dasein: Sie ist ein Fortschreiten, das unser Sein wachsen läßt und uns besser macht; sie ist Bekehrung, die das ganze Leben verändert und das Wesen desjenigen verwandelt, der sie vollzieht. Die Bekehrung führt ihn aus dem Zustand eines unechten, von Unbewußtheit verdunkelten und von Sorgen aufgezehrten Lebens zum Zustand eines echten Lebens, in dem der Mensch das Bewußtsein seiner selbst, die wahre Sicht der Welt, den Frieden und die innere Freiheit erlangt.
>
> Pierre Hadot, *Philosophie als Lebensform*, S. 15.

Kurzum, Philosophieren heißt Leben lernen. Und aus diesem Grund empfehlen die griechischen und römischen Weisheitsschulen ihren Anhängern verschiedene spirituelle Übungen: Achtsamkeit, Bewusstseinsprüfung, das Lernen bestimmter Lebensmaximen, Selbstbeherrschung, die Heilung von Leidenschaften, Erinnerungen an gute Erlebnisse usw. Zu einem späteren Zeitpunkt haben sich die christlichen Kirchenväter von einigen dieser Praktiken inspirieren lassen und sie aus religiöser Perspektive erneuert.

Warum ist diese praktische und spirituelle Auffassung von Philosophie quasi verschwunden? Warum hat sie sich zu einer reinen Wissensdisziplin gewandelt?

Die antiken Weisheitsschulen verschwanden, als das Römische Reich, in dem sie zur Blüte gelangt waren, christlich wurde. Kaiser Justinian untersagte der ältesten unter ihnen, der in Athen gegründeten Platonischen Akademie, im Jahr 529 den Lehrbetrieb; die jüngste, die Alexandrinische Schule, bestand bis zur Eroberung durch die Araber im Jahre 640. Die Moslems haben sie dann ebenfalls geschlossen, doch ließen sie die Hauptwerke der griechischen Philosophen übersetzen, weshalb sie letztlich einen wichtigen Beitrag zur Wiederentdeckung antiker Weisheitslehren zu Beginn der Frührenaissance leisteten. Mit dem Sieg der monotheistischen Religionen war folglich das Schicksal der antiken Philosophie besiegelt. Der Glaube hat die Vernunft und die dogmatische Gewissheit hat die Suche nach Weisheit ersetzt.

Aber begünstigt nicht genau diese Wiederentdeckung der griechischen Philosophie durch die Renaissance dann auch die Rückkehr zur Weisheit in der Moderne?

In der Tat lassen die ersten großen Renaissancedenker, Marsilius Ficinus und Pico della Mirandola, das griechische Weisheitsideal wiederaufleben. Sie versuchen, nach dem Vorbild der Antike den Menschen in einen Kosmos zu integrieren: Der Mensch ist als Teil mit einem Ganzen verbunden und muss sich den universellen Gesetzen der Natur unterwerfen. Im 17. Jahrhundert denkt der Philosoph Baruch Spinoza gewissermaßen die von den Autoren der Antike ererbte Sichtweise weiter und entwickelt eine ethische Philosophie, die ganz dem Streben nach Weisheit verpflichtet ist. Im vorigen Jahrhundert hatte auch Montaigne eine Weisheit »auf der Höhe des Menschen« vorgeschlagen, die zwar von Skeptizismus gefärbt, aber auch auf Glück und Freude ausgerichtet ist. Dagegen wird zu Beginn des 17. Jahrhunderts René Descartes die Beziehung zwischen Mensch und Natur entzaubern, indem er die Philosophie im Hinblick auf Bewusstsein und Subjektivität neu denkt. Auch wenn er sich selbst noch, insbesondere wenn es um die Beherrschung der Leidenschaften geht, für eine gute Lebensweise interessiert, zeichnet er doch den Weg vor, der die philosophische Moderne beherrschen wird: Künftig geht es um die Verherrlichung des wollenden und denkenden Subjektes, für die sich auch die wichtigsten Protagonisten der modernen Philosophie, Kant und Hegel, einsetzen. Kant definiert im Übrigen das Glück nicht als Ideal der Vernunft, sondern der Vorstellungskraft, und trägt damit die Weisheit zu Grabe.

»Der andere Weg«, um einen Begriff von Blandine Kriegel aufzugreifen, der Weg der antiken Philosophen, der Renaissance-Denker und Spinozas, wird somit in Vergessenheit geraten. Weisheit scheint für die meisten zeitgenössischen Denker ein ebenso illusorisches wie archaisches Ideal zu sein.

Es scheinen sich aber doch mehr und mehr unserer Zeitgenossen, so wie ich auch, dafür zu interessieren? Du hast zwei Autoren zitiert – André Comte-Sponville und Pierre Hadot –, die die Weisheit der Alten wiederentdeckt haben. Ganz zu schweigen vom aktuellen Interesse für östliche Weisheitslehren wie den Taoismus und den Buddhismus …

Das ist wahr, zumal ich ihnen sowie einigen anderen, etwa Marcel Conche, verdanke, dass ich meine Kenntnis alter Weisheitslehren wie der Spinozas und Montaignes vertiefen konnte. Doch stehen die Philosophen, die sich für Weisheit interessieren, in der wissenschaftlichen Welt eher am Rande. Die meisten Akademiker sind Hyperspezialisten für einen Denker oder eine Epoche; sie versagen sich unter dem Vorwand wissenschaftlicher Genauigkeit persönliche Gedanken oder eine persönliche Auslegung. Ebenso verhält es sich mit vielen (aber nicht mit allen) Philosophielehrern an den Schulen, die Philosophiegeschichte unterrichten und darunter verstehen, so neutral wie möglich zu bleiben. Würden sie sich auf das Gebiet einer Weisheitslehre vorwagen, würde das ja ein spirituelles oder existentielles Engagement verlangen, das sie manchmal fälschlicherweise mit religiösem Glauben gleichsetzen.

Auf der anderen Seite lässt sich in der Tat eine wahre Begeisterung für die Weisheit bei einem immer größer werdenden Publikum feststellen. Die Werke von Vertretern des Stoizismus, von Montaigne und Spinoza wurden nie so stark verbreitet wie heute, das gleiche gilt für Werke fernöstlicher Denker, insbesondere für die Bücher des Dalai Lama. Das liegt, scheint mir, am dreifachen Scheitern der religiösen, der politischen und der ultraliberalen konsumorientierten Ideologie, die allesamt der Menschheit das Glück mit letztlich unwirksamen Rezepten verheißen hatten. Auf einmal stellen sich viele unserer Mitmenschen die Frage nach dem Sinn des Lebens völlig neu, sie suchen wieder nach dem individuellen und kollektiven Glück, nach einer guten und gelingenden Lebensweise. Wir leben längst nicht mehr im gleichen sozialen, ökonomischen und kulturellen Umfeld wie in der Antike. Dennoch haben sich Geist und Herz des Menschen seit 2500 Jahren nicht verändert, und somit haben die damals gestellten existentiellen Fragen ebenso wie einige damals praktizierte spirituelle Übungen auch für uns ihre Gültigkeit behalten.

Das Glück ist in Dir

Wie ich bereits zu Beginn unseres Gespräches sagte, wünsche ich mir ein tieferes und dauerhafteres Glück. Du hast mir geantwortet, dazu müsste ich die Weisheit suchen. Ist das Glück wirklich erreichbar, und wie kommt man dahin?

Die Frage nach dem Glück steht tatsächlich im Zentrum aller großen Weisheitslehren der Menschheit. Schon Epikur erinnerte daran, dass wir alle nach Glück streben, egal wie es dann im Einzelnen aussehen mag. Allerdings machen wir auch die Erfahrung, dass es so wenig greifbar ist wie Wasser oder Luft. Sobald man denkt, man habe es in der Hand, entwischt es einem wieder. Wenn man versucht, es festzuhalten, läuft es davon. Manchmal entzieht es sich da, wo man es erhofft, und kommt in dem Augenblick wieder, in dem man es am wenigsten erwartet. Allerdings habe ich die Erfahrung gemacht, dass wir wirklich glücklicher sein können, wenn wir über unser Leben nachdenken, an uns arbeiten, lernen, auch schwierigste Entscheidungen zu treffen, und unsere Gedanken, Ansichten oder unser Selbst- und Weltbild zu modifizieren. Das große Paradoxon des Glückes ist, dass es ebenso widerspenstig wie zähmbar ist. Es hängt gleichermaßen vom Schicksal und von günstigen Zufällen ab wie von einem vernünftigen und willentlichen Handeln.

Für die Philosophen der Antike, sei es in Indien, China oder Griechenland, findet sich Weisheit bei der Suche nach einem Zustand allumfassender und dauerhafter Zufriedenheit mit der eigenen Existenz. Diese Zufriedenheit hängt nicht von den Unwägbarkeiten des Lebens und somit auch nicht von Ereignissen der äußeren Welt ab, sie entspricht vielmehr der Vorstellung von Glück als einem inneren Zustand. Oft gehen die antiken Philosophen von der Ambivalenz der Sinnesfreude aus, wenn sie von der Bedeutung von Glück sprechen: Sinnesfreude ist die Befriedigung eines Bedürfnisses oder eines Begehrens, doch dauert sie nicht an und hängt von äußeren Umständen ab. Der Weise erstrebt allerdings einen dauerhaften Zustand der Zufriedenheit, der nicht allein von äußeren Umständen (Ansehen, Beziehungen, Reichtum usw.) abhängt. Für Epikur wird beispielsweise dieses Ideal dank der praktischen Vernunft (*phrónēsis*) erreicht, die uns bei der Mäßigung und Eingrenzung unserer Sinnesfreuden hilft, damit wir in einem Zustand von Gelassenheit und Seelenruhe (*ataraxía*) leben. Für Buddha ist wichtig, dem Begehren-Verlangen zu entsagen, das nur Frustration und Leiden schafft, und zu guter Letzt einen Glückszustand durch die Erleuchtung zu finden. Im Grunde geht es darum, dass mir bewusst wird, nicht das Ich zu sein, mit dem ich mich spontan identifiziere.

Man könnte das Weisheitsideal folgendermaßen definieren: Statt zu versuchen, die Welt seinen Begierden anzupassen, formt der Weise seine Begierden so um, dass sie sich der Welt bzw. der Wirklichkeit anpassen. Er lernt, das Leben bedingungslos zu lieben und nicht nur dann, wenn ihm die Umstände gewogen sind. Genau an dieses Weisheitsideal glauben die meisten Intellektuellen von heute nicht mehr. Ich möchte es gerne wiederherstellen, weil ich seit bald vierzig Jahren genau danach suche.

Offensichtlich sind wir damit sehr weit von zeitgenössischen Glücksvorstellungen entfernt, die sich mehr dem Haben als dem Sein verschrieben haben. Da gilt es, ein großes Missverständnis zu beseitigen, wenn man von Glück spricht …

Das Weisheitsideal und die darüber vermittelte Glücksvorstellung stehen tatsächlich genau im Gegensatz zu der in unserer materialistischen und konsumorientierten Gesellschaft am weitesten verbreiteten gegenwärtigen Vision von Glück: der Beste sein, der Wettbewerbsfähigste, der Reichste, der Bekannteste usw. Diesem zeitgenössischen Imperativ des »immer mehr« stellt Weisheit die Suche nach dem »besseren Sein« gegenüber. Man sollte das Glück mehr im Sein als im Haben suchen. Ich möchte hinzufügen, dass die Suche nach Weisheit eine anstrengende Suche ist. Sie erfordert den Erwerb von Wissen, die Vertiefung der Reflexion, die richtige Anwendung von Vernunft, die Mobilisierung des Willens sowie eine richtige Neuorientierung des eigenen Blicks und der eigenen Begierden. Kurz gesagt, es ist eine lange und mühselige Suche, ganz im Gegensatz zu den leichten und schnellen Rezepten der zeitgenössischen Glücksscharlatane. Ich möchte außerdem präzisieren, dass ich wirklich die Nase voll habe von der Aufforderung zum Glücklichsein, einer aktuellen Devise, die von Pascal Bruckner hervorragend angeprangert wurde. Der Autor von *Verdammt zum Glück. Der Fluch der Moderne* bemerkt scharfsinnig, dass sich seit dem Ende des Zweiten Weltkrieges das »Recht« auf Glück in eine »Pflicht« verwandelt habe, weshalb es plötzlich zur Belastung geworden sei. Der moderne Mensch sei »verdammt« zum Glücklichsein und

> kann nur sich selbst dafür verantwortlich machen, wenn ihm das nicht gelingt. […] Wir sind vermutlich die ersten Gesellschaften in der Geschichte, in denen die Menschen

> dazu gebracht werden, unglücklich zu sein, weil sie nicht glücklich sind. [...] An die Stelle der christlichen Inszenierung von Errettung und Verdammnis tritt schließlich die weltliche Inszenierung von Erfolg und Mißerfolg.
>
> Pascal Bruckner, *Verdammt zum Glück. Der Fluch der Moderne. Ein Essay*, S. 51, 76, 87.

Selbstverständlich kann eine solche Verpflichtung zum Glück – und auch noch zu einem Glück, das an moderne Leistungserwartungen geknüpft ist – nur unglücklich machen. Das ist durchaus eine Erklärung dafür, dass immer mehr Leute depressiv werden, da sie es nicht schaffen, der heutigen Anforderung der Selbstoptimierung zu entsprechen: Hier haben wir das berühmte »Erschöpfte Selbst«, das der Psychiatriehistoriker Alain Ehrenberg so hervorragend beschrieben hat.

Ich verstehe sehr gut, dass Weisheit uns zum Glück als einem umfassenden und dauerhaften Zustand verhelfen soll. Dennoch unterstreichen einige zeitgenössische Autoren wie Luc Ferry in der Nachfolge Kants die radikale Asymmetrie zwischen Glück und Unglück, zwischen Gut und Böse.

Indem Buddha feststellt, »alles ist Leiden«, erinnert er daran, dass das Leben von der Geburt bis zum Tod aus einer Folge schmerzlicher Erfahrungen besteht. Und selbst wenn wir einen glücklichen Moment erleben, bleibt dieser doch zerbrechlich. »Alles ist unbeständig«, auch das lehrt uns Buddha. Nichts in dieser Welt ist dauerhaft und für immer festgeschrieben. Genauso ist es mit unseren Begierden. Wir leiden darunter, dass wir das, was wir begehren, nicht besitzen werden, und wir leiden an der Angst, dass wir verlieren, was wir besitzen, und schließlich leiden wir am Verlust dessen, was wir besessen haben. Also ja, in der Tat ist das Böse in unserem Alltag zweifellos weitaus gegenwärtiger als das Gute, wenngleich das von einem zum anderen Individuum deutlich variieren kann. Genau das ist der Grund, weshalb Buddha wie alle Weisen der Menschheitsgeschichte ein Mittel gesucht hat, um für Schmerz nicht mehr so empfänglich zu sein. Die Weisheit bewahrt uns angesichts der schicksalhaften Allgegenwart von Leid davor, zu resignieren. Sie eröffnet uns einen (wie gesagt) anspruchsvollen Weg, auf dem wir ein inneres und von den Wechselfällen, den Höhen und Tiefen des Lebens unabhängiges Gefühl von Heiterkeit und/ oder Freude entwickeln können. Weisheit ist demzufolge eine unmittelbare Antwort auf die Feststellung, dass zwischen Glück und Unglück eine Asymmetrie herrscht.

Die genannten Autoren behaupten auch, dass im Unterschied zum leicht zu definierenden und feststellbaren Unglück unmöglich a priori *bestimmt werden könne, was Glück ist …*

In unserem täglichen Leben scheint es mir durchaus möglich, Glück und Unglück zu erkennen und zu definieren: Allgemein gesehen bin ich glücklich, solange ich das Leben liebe, so wie ich es führe, und ich bin unglücklich, wenn mir mein Leben nicht gefällt. Es gibt auch intensive Augenblicke des Glückes, wenn zum Beispiel ein langgehegter Wunsch Wirklichkeit wird: eine romantische Begegnung, die Geburt eines Kindes, ein erfolgreich bestandenes Examen, ein beruflicher Erfolg usw. Ebenso gibt es intensive Momente des Unglücks: der Verlust eines Angehörigen, eine schwere Krankheit, ein beruflicher Misserfolg … Selbstverständlich sollte man den relativen Charakter des Glückes unterstreichen: Es variiert je nach der Kultur, je nachdem, was der Einzelne möchte oder in welcher Lebensphase er sich befindet.

Es erscheint oft in Gestalt dessen, was wir gerade nicht haben: Für einen Kranken liegt das Glück in der Gesundheit, für einen Arbeitslosen in einem Arbeitsplatz. Zu dieser Vielschichtigkeit kommt eine subjektive Dimension: Ein Künstler ist glücklich, wenn er seine Kunst ausübt, ein Intellektueller im Umgang mit seinen Konzepten, ein Romantiker in seiner Liebesbeziehung. Freud hat zu Recht Folgendes unterstrichen:

> Schon dabei wird außer den äußeren Verhältnissen die psychische Konstitution des Individuums entscheidend werden. Der vorwiegend erotische Mensch wird die Gefühlsbeziehungen zu anderen Personen voranstellen, der eher selbstgenügsame Narzißtische die wesentlichen Befriedigungen in seinen inneren seelischen Vorgängen suchen, der Tatenmensch von der Außenwelt nicht ablassen, an der er seine Kraft erproben kann.
>
> Sigmund Freud, *Das Unbehagen in der Kultur*, S. 30.

Das ist einer der Gründe, weshalb es kein allgemeingültiges ›Glücksrezept‹ gibt.

Doch diese relative und subjektive Beschaffenheit hindert uns keineswegs daran, Glück nicht nur als eine angenehme flüchtige Emotion zu bestimmen (was eigentlich eher der Definition von Vergnügen entspräche). Vielmehr können wir Glück als einen Zustand mit einer gewissen Dauer und Totalität betrachten. Wir nennen uns »glücklich« und mit unserem Leben »zufrieden«, weil es uns im Großen und Ganzen Vergnügen bereitet und weil wir ein gewisses Gleichgewicht inmitten all unserer verschiedenen Bestrebungen gefunden haben: eine gewisse Stabilität in unseren Gefühlen und Emotionen, eine Befriedigung in den Bereichen, die uns am wichtigsten sind – Gefühlswelt, Beruf, Soziales, Spiritualität. Im Umkehrschluss bezeichnen wir uns als »unglücklich« oder mit unserem Leben »unzufrieden«, wenn es uns wenig Vergnügen bereitet, wenn wir zerrissen sind zwischen widerstreitenden Bestrebungen, wenn unsere Affekte (Emotionen, Gefühle) instabil und allgemein schmerzhaft sind, oder wenn wir ein lebhaftes Gefühl affektiven oder emotionalen Scheiterns empfinden. Wir betrachten uns angesichts der *Totalität* von Situationen und Zuständen als glücklich oder unglücklich, und wir müssen diese Totalität über eine gewisse *Dauer* hinweg empfinden, um das entsprechende Gefühl zu haben. Deshalb würde ich Glück als *Bewusstsein einer umfassenden und dauerhaften Zufriedenheit mit unserer Existenz* bezeichnen.

Aber ist dieser Zustand nicht brüchig? Kann sich unser Glück nicht plötzlich, je nachdem, wie das Leben so spielt, in Unglück verwandeln?

Natürlich, und dieser vorübergehende, unbeständige Charakter des Glückes ist sehr gut beschrieben worden, sowohl von Buddha und den Denkern der Antike als auch von Kant und den kritischen Philosophen. Genau deshalb benötigen wir die Weisheit, um dem Glück einen anderen Sinn zu geben: Glück heißt nicht mehr nur, das Leben, das man führt, zu lieben, sondern das Leben an sich zu lieben. Das Leben mit seinen Höhen und Tiefen zu lieben, mit seinen guten und schlechten Momenten, seiner Dosis an Freude und Traurigkeit. Die Weisheit soll, ohne über den unvorhersehbaren und brüchigen Charakter des Glückes hinwegzutäuschen, dazu dienen, das Glück so intensiv und dauerhaft wie möglich zu gestalten, jenseits der Unwägbarkeiten des Lebens, jenseits äußerer Umstände, angenehmer oder unangenehmer Gefühle im Alltag. Weisheit bedeutet, das zu lieben, was ist.

Ich möchte noch einmal die Tatsache betonen, dass Weisheit ein Ideal ist und ein Ziel, das man erreichen kann, das aber vielleicht niemals vollständig verwirklicht wird. Und was macht das auch für einen Unterschied? Was zählt, ist Weisheit anzustreben, das heißt an sich zu arbeiten, um mehr und mehr zum Glück*fähig* zu sein. Es geht darum, unsere Neigung zum Glücklichsein zu fördern und gleichzeitig unsere Fähigkeit zum Unglücklichsein zu verringern. Wir alle haben in der Tat einen gewissen Hang zum Glücklich- oder Unglücklichsein. Einige amerikanische Soziologen nennen das ein »festes Glücksmaß«. Wie Schopenhauer schon treffend feststellte, hängt das vor allem von unserer Sensibilität ab: Es gibt optimistische oder pessimistische Menschen, fröhliche oder traurige.

Zu unserem genetisch bedingten Temperament kommen Einflüsse aus der frühen Kindheit, die unser Empfinden erheblich prägen: Manchen fehlt ihr Leben lang die Selbstachtung, weil sie von ihren Eltern ein abwertendes Selbstbild vermittelt bekamen. Sie werden weniger leicht glücklich sein können als diejenigen, die im Gegensatz zu ihnen Vertrauen in sich selbst und in das Leben haben. Wie Aristoteles hervorgehoben hat, hängt darum das Glücklichsein zu einem großen Teil von den Umständen (Erbanlagen, familiäres Umfeld) ab, aber ebenso wichtig ist, wie sehr wir an uns arbeiten, um unsere Fähigkeit zum Glücklichsein zu vergrößern. Dieser Teil des Glückes, der von uns selbst abhängt, kann sich folglich verändern, je nachdem, wie wir unser Leben gestalten und welche Sicht wir auf uns selbst, auf andere und auf die Welt haben. So können wir uns unserem Ideal der Weisheit – einem Leben in Freude und fortwährender Heiterkeit – immer mehr annähern, selbst wenn wir es nie erlangen oder nur für kurze Zeit in diesem Glückszustand verharren. Wir können umfassend und dauerhaft immer glücklicher sein, selbst wenn uns vorübergehend die Dramen des Lebens einholen und unser Glück beeinträchtigen können. Jedenfalls habe ich diese Erfahrung gemacht.

Du hast mehrfach daran erinnert, dass Weisheit die Suche nach einem Zustand der Zufriedenheit ist, der nicht mehr von äußeren Umständen abhängt. Ist der Weise denn glücklich, egal was geschieht?

Das Glück hängt für den Weisen in der Tat nicht mehr hauptsächlich von den stets zufälligen Ereignissen der äußeren Welt ab, sondern von der Harmonie seiner inneren Welt. Er ist glücklich, weil er Frieden oder Freude in sich selbst hat finden können. Anstatt die Welt seinen Wünschen unterordnen zu wollen, bemüht sich der Weise um die Veränderung seiner selbst. Erst durch diese Umkehrung wird das Glück möglich. Am Glücklichsein hindert uns nicht die Wirklichkeit, sondern die Vorstellung, die wir uns von ihr machen. Ein und dieselbe Wirklichkeit kann von zwei Personen unterschiedlich wahrgenommen werden. Der eine wird darüber glücklich, der andere unglücklich sein. Eine bestimmte Person kann eine schwere Krankheit als schrecklichen Schicksalsschlag wahrnehmen, wohingegen eine andere, abgesehen vom akuten Schmerz, darin eine Gelegenheit sehen wird, sich selbst in Frage zu stellen, diese oder jene Sache in ihrem Leben zu verändern, und darüber nicht ihren inneren Frieden verliert. Als Reaktion auf eine Aggression werden einige Hass oder den Wunsch nach Rache verspüren, während andere überhaupt nichts empfinden. Der weise Stoiker Epiktet drückt dies so aus:

> Bedenke: Nicht wer dich beschimpft oder dich schlägt, verletzt dich, sondern nur deine Meinung, dass diese Leu-

te dich verletzen. Wenn dich also jemand reizt, so wisse, dass es deine eigene Vorstellung ist, die dich gereizt hat.

Epiktet, *Handbüchlein der Moral*, S. 24.

Auch diese kleine Sufi-Erzählung illustriert das hervorragend: Ein Fremder kommt in eine Stadt, die er nicht kennt. Er sieht einen alten Mann vor dem Stadttor sitzen und fragt ihn: »Sag mir, Alter, wie sind die Leute hier: freundlich, böse?« Der alte Mann antwortet mit einer Gegenfrage: »Wie waren die Leute in der Stadt, aus der Du kommst, Fremder?« Der Mann antwortet, ohne zu zögern: »Sehr unangenehm, deshalb bin ich ja von dort weggegangen!« Der Greis schaut ihm direkt in die Augen und sagt: »Naja, hier ist es genauso!« Der Fremde geht bitter enttäuscht weg und schimpft dabei vor sich hin: »Was für ein Unglück! Wo ich auch hingehe, sind die Leute böse.« Kurz darauf kommt ein anderer Fremder, der dem alten Mann die gleiche Frage stellt, und dieser gibt ihm die Frage erneut zurück: »Wie waren die Leute in der Stadt, aus der Du kommst?« »Sehr freundlich«, antwortet diesmal der Fremde. Und der alte Mann erwidert: »Naja, hier ist es genauso!« Ein Kamelhändler, der diese Gespräche gehört hat, geht zu dem alten Mann und sagt zu ihm: »Du bist ein Lügner! Wie kannst Du nur dem einen sagen, dass alle Leute in dieser Stadt böse, und dem anderen, dass sie alle freundlich sind?« Der Greis betrachtet ihn amüsiert: »Das hat keinerlei Bedeutung, mein Freund, denn ein jeder trägt die Welt in seinem Blick. Ein im Inneren unglücklicher Mann wird überall unglücklich sein und ein Glücklicher überall glücklich.«

»Ja« zum Leben sagen

Ich kenne Leute – auch wenn es wenige sind –, die in der Tat immer glücklich zu sein scheinen, die sich nie beklagen, die immer das Gute in den Dingen sehen, und genau diese Leute trösten ihre Liebsten im Krankheitsfall oder in schweren Zeiten. Sind das also Weise, so wie Du sie verstehst?

Zweifellos. Bei einigen Menschen ist diese Form von Weisheit praktisch angeboren. Sie ist sozusagen in ihrem Wesen verankert. Es gibt von Natur aus großzügige, optimistische, zuversichtliche und fröhliche Menschen. Das ist ein großes Glück, denn diese Eigenschaften sind erforderlich, um ein gutes und glückliches Leben zu führen, und solche Menschen tun ihrem Umfeld viel Gutes. Doch die meisten Menschen haben dieses Glück nicht. Für sie ist die Weisheitslehre ein wertvoller Kompass, denn sie zeigt ihnen eine Richtung und gibt ihnen Werkzeuge, um glücklicher und besser zu leben. Mithilfe der Weisheit können wir aufhören, dem Leben oder den anderen die Schuld zu geben, und stattdessen unser Leben in die Hand nehmen – indem wir begreifen, dass wir einen Großteil unseres Leids vermeiden könnten, wenn wir nur die Vorstellung von uns selbst und von der Welt verändern. Ich sage bewusst »Leid« und nicht »Schmerzen«, denn der Schmerz ist universell und man kann ihm nicht ausweichen. Doch wenn zu unserem körperlichen oder moralischen Schmerz noch Wut, Trauer, Hass, Ablehnung, Verweigerung oder Wehleidigkeit hinzukommen, dann empfinden wir auch psychisches und geistiges Leid zusätzlich zum objektiv empfundenen Schmerz. Zwar kann man den Schmerz selbst nicht vermeiden, doch das zusätzliche Leid kann man durch die freiwillige und positive Orientierung unseres Herzens wie unseres Geistes vermeiden. Weisheit bedeutet keineswegs, dass es einem nicht mehr schlecht geht, es bedeutet, den Schmerz in Gelassenheit umzuwandeln.

Wie schafft man das?

Dafür gibt es nicht tausend verschiedene Wege: Es geht nur darum, einfach »Ja« zum Leben zu sagen, das heißt, es zu lieben und es so, wie es ist, zu akzeptieren – nicht so, wie wir es gern gehabt hätten. Es ist also ein Weg der Akzeptanz, der Zustimmung, der von einer bedingungslosen Liebe zum Leben ausgeht. »Und ich, ich liebe das Leben«, sagte Montaigne. Nur so nähert man sich der Weisheit, jener tiefen und dauerhaft glücklichen Existenz, welche Ereignisse auch immer auf uns zukommen. Weisheit heißt keineswegs, auf einer kleinen Wolke zu leben oder in einer Welt, in der alles gut läuft – so eine Welt gibt es nicht. Vielmehr ist damit die Fähigkeit gemeint, das Tragische ins Glück zu integrieren. Das heißt, das Leben zu akzeptieren und mit seinen Höhen und Tiefen zu lieben, den angenehmen wie den unangenehmen Momenten, den Freuden und Nöten. Es bedeutet, das ganze Leben zu lieben, mit all seinen Schwierigkeiten und Herausforderungen.

Aber wenn man »Ja« zu allem sagt, wenn man alles akzeptiert, was geschieht, ist das nicht eine fatalistische Haltung? Ich denke da an die Gläubigen, die alles, was ihnen widerfährt, hinnehmen, weil es »Gottes Wille« ist …

Im Prinzip hast Du recht, Weisheit scheint oft religiösem Fatalismus zum Verwechseln ähnlich zu sein. Allerdings gibt es zwischen beiden einen fundamentalen Unterschied. Die Weisheit, um mit Epiktet zu sprechen, lädt uns ein zu unterscheiden, was von uns abhängt und was nicht. Wenn uns etwas passiert, das wir uns nicht ausgesucht haben, zum Beispiel eine schwere Krankheit, liegt es dennoch an uns, wie wir versuchen, gesund zu werden, und wie wir mit dieser Herausforderung umgehen, anstatt uns von ihr niederdrücken zu lassen. Wir fangen also damit an, das Unausweichliche, das von uns nicht beeinflussbar ist – also unsere Krankheit –, zu akzeptieren, anstatt es zu verleugnen. Dann versuchen wir, in Bezug auf das, was wir beeinflussen können, zu handeln: gute Medikamente zu finden und so positiv wie möglich mit der Situation umzugehen. Schließlich, wenn wir trotz all unserer Anstrengungen nicht gesund werden, müssen wir uns erneut in das Unausweichliche fügen, da wir es nicht vermeiden können: die chronische Krankheit oder den Tod. Die Weisheitslehre schlägt uns vor, das zu akzeptieren, was ist und was man nicht ändern kann, aber sie rät uns auch, in Bezug auf das, was man ändern kann, zu handeln. Beispielsweise können wir auf unser Inneres (unsere Gefühle und Gedanken) und unser Umfeld einwirken (etwa um die richtige Behandlung zur Genesung zu finden). Diese fundamentale Unterscheidung ist etwas anderes als der religiöse Fanatismus, der oft alles, was geschieht, als gut betrachtet und manchmal auch verbietet, die Ordnung der Dinge zu ändern. Bei meiner ersten Reise nach Indien, in Kalkutta, war ich verblüfft zu sehen, wie die Armen auf der Straße inmitten allgemeiner Teilnahmslosigkeit sterben. Ich habe begriffen, dass eine solche Haltung mit dem religiösen Glauben der Hindus zusammenhängt: Was in diesem Leben geschieht, ist das Ergebnis unserer früheren Leben, und es bringt nichts, kämpfen zu wollen, um den Lauf unseres Daseins oder den

Lauf der Welt zu verändern. Wenn ein Mensch jämmerlich stirbt, dann weil er es verdient hat, und es wäre vergebliche Mühe, ihm helfen zu wollen. Dieser Fatalismus hat mich empört, und ich habe mich als freiwilliger Helfer bei Mutter Teresas Missionarinnen der Nächstenliebe engagiert, um Sterbende aufzusammeln, sie zu einer Pflegestation zu bringen und ihnen bis zu ihrem letzten Atemzug beizustehen. Wenn wir handeln können, um jemandem zu helfen, um sein Leid zu lindern, gegen eine Ungerechtigkeit zu kämpfen, dann ermutigt uns die Weisheit dazu, denn sie zählt Liebe, Mitleid und Gerechtigkeit zu den höchsten aller Tugenden.

Tun wir also das, was wir beeinflussen können, handeln wir, um unsere Gesundheit zu erhalten und unser Wohlbefinden, um uns auf moralischer und geistiger Ebene zu verbessern, um am Aufbau einer besseren Welt mitzuwirken. Wenn wir aber nichts ändern können, weil wir mit einer äußeren Macht konfrontiert sind, auf die wir keinen Einfluss haben, dann sollten wir lieber freudig das akzeptieren, was ist. Das ist besser, als sich in eine Verweigerungshaltung zu flüchten, die Realität zu verdrängen oder in Ablehnung, Zorn, Verzweiflung und Klagen zu versinken. So werden unser Herz und unser Geist in Frieden bleiben, obwohl der Schmerz da ist.

Epiktet erklärt das anhand der Geschichte des Hundes, der an einen Karren gebunden ist, den zwei Rinder ziehen (sie symbolisieren die Macht des Schicksals). Wenn der Hund Lust hat, nach rechts zu laufen, und der Karren sich nach links bewegt, kann er der Kraft der Rinder nicht widerstehen: Entweder er akzeptiert, ihnen zu folgen, und macht ihre Bewegung mit, was bedeutet, dass er seinen Willen dem ihren anpasst – oder aber er widersetzt sich und wird widerwillig unter schlimmsten Qualen hinterhergezogen.

Auch wenn ich nun leichter verstehe, was die religiös-fatalistische Akzeptanz von der Akzeptanz der Weisheit unterscheidet, scheint es mir doch besser, an Gott oder die Unsterblichkeit der Seele zu glauben, um so bedingungslos »Ja« zum Leben zu sagen. Schließlich lassen sich auch schreckliche Prüfungen akzeptieren, wenn man meint, sie hätten einen Sinn oder man wäre im Jenseits glücklich.

Es stimmt, dass der Glaube an ein Leben nach dem Tod es uns sehr erleichtert, die Schicksalsschläge des irdischen Daseins zu überwinden. Die Religion gibt dem Gläubigen Hoffnung, ein Gefühl, dass das, was ihm widerfährt, der Tod eingeschlossen – und vor allem der Tod seiner Angehörigen – nicht das Ende von allem sei und dass er selbst ihm einen Sinn geben könne. Manche fernöstlichen Lehren behaupten, unser Geist sei unsterblich und werde bis zur endgültigen Befreiung wiedergeboren, die dann als Zustand unbeschreiblicher Glückseligkeit empfunden werde; die Anhänger der monotheistischen Religionen hoffen auf ein ewiges Leben bei Gott. Auch die Stoiker denken, dass unser Geist unsterblich sei und Sokrates heiter den Schierlingsbecher habe austrinken können, weil er davon überzeugt gewesen sei, dass seine Seele glücklich unter den Gerechten im Jenseits leben werde. Also ja, es ist offensichtlich, dass der Glaube an die Unsterblichkeit der Seele eine mächtige und entscheidende Hilfe bietet, um die Mühen dieses Lebens zu ertragen. Ich teile übrigens die Überzeugung, dass unser Geist unsterblich ist, obwohl ich mir gar nicht sicher bin, was genau nach dem Tod mit unserem Körper geschieht. Das hat mir sehr dabei geholfen, den Tod meiner Lieben zu ertragen, denn im tiefsten Inneren bin ich überzeugt, dass sich ihr Lebensweg in einer anderen Dimension fortsetzt. Für mich hängt diese Überzeugung allerdings an keinem besonderen religiösen Glauben: Sie war immer ganz offensichtlich in mir verankert, so wie es eben für andere Leute klar ist, dass nach dem Tod nichts kommt. Ich bin ein bisschen wie diese Inder, die man fragt: »Was ist das Gegenteil des Todes?« Während die meisten Menschen aus dem Westen »das Leben« antworten, sagen sie spontan: »die Geburt«. Ich stelle Leben und Tod nicht einander gegenüber, sondern ich denke, dass Geburt und Tod zwei wesentliche Momente des Lebens sind, zwei Übergangsmomente einer geistigen Existenz, die vor unserer Geburt auf der Erde begonnen hat und die sich auch nach dem Verschwinden unseres Körpers fortsetzen wird ... aber wo, das weiß ich nicht.

Doch diese Haltung, alles, was ist, anzunehmen, dieses »Ja« zum Leben, findet sich auch im Rahmen materialistischer und atheistischer Weisheit. Epikur und seine wichtigsten Schüler, etwa Lukrez, glauben weder an Gott noch an die Unsterblichkeit der Seele. Gleichwohl empfehlen sie eine Haltung freudiger Akzeptanz dessen, was ist und was sich nicht vermeiden lässt, um ihren Seelenfrieden zu bewahren. Das entspricht auch in gewisser Weise der Ansicht von Montaigne, den man als agnostischen Denker bezeichnen könnte, und von Nietzsche, der ein entschiedener Atheist ist. Nach Art der Philosophen der Antike preist Nietzsche die ausnahmslos freudige Zustimmung zu allem, was ist. Er lädt uns ein, »Ja zu sagen« und das Schicksal zu lieben: *amor fati*. Für ihn gehören sowohl Glück als auch Unglück zum Leben. Wenn wir also ein erfülltes und kein kleinkariertes Leben führen möchten, sollen wir alles akzeptieren, was das Leben bereithält: Freud und Leid, Vergnügungen und Schmerzen. Er schlägt uns vor, das Leben wie die Musik zu lieben: Man schätzt ein musikalisches Werk, weil sich Ton und Stille darin abwechseln, weil es erhabene und freudige Momente, *allegro*, sowie langsamere und traurigere Momente, *adagio*, oder aber ganz harmonische und stark dissonante Passagen enthält. Es ist gerade dieser Kontrast von fröhlichen und schmerzlichen, von lichten und verhangenen Augenblicken, der die Schönheit des Lebens ausmacht:

> Meine Formel für die Grösse am Menschen ist *amor fati*: dass man Nichts anders haben will, vorwärts nicht, rückwärts nicht, in alle Ewigkeit nicht. Das Nothwendige nicht bloss ertragen, noch weniger verhehlen [...], sondern es lieben ...
>
> Friedrich Nietzsche, *Ecce homo. Wie man wird, was man ist*, S. 297.

Weisheit, ob man nun an die Unsterblichkeit des Geistes glaubt oder nicht, versöhnt Glück und Unglück, statt sie einander gegenüberzustellen.

Ich könnte durchaus akzeptieren, was ist, und das Leben lieben, solange wir keinen großen Prüfungen ausgesetzt sind. Doch, um eine Frage von Luc Ferry zu stellen, wie soll man das Leben lieben, wenn man gefoltert wird?

Obwohl dies ein Extremfall ist und nur wenige Menschen diese schreckliche Erfahrung machen müssen, ist es notwendig, ihn zu analysieren, denn dabei können wir die Argumentation zu Ende zu denken und schauen, ob und inwiefern sie belastbar ist. »Ja« zum Leben zu sagen ist, wie ich schon betont habe, umfassend zu verstehen: Es bedeutet, das Leben in all seinen Farben, Abstufungen und Kontrasten zu lieben. Wenn man diese Sichtweise unerschütterlich beibehält, dann wird man eine furchtbare Prüfung wie Folter anders betrachten. Es kann nicht darum gehen, diesen Schmerz zu lieben und zu genießen, sondern wir müssen ihn, so schlimm er auch sein mag, als Teil eines Ganzen betrachten. Wir sagen »Ja« zum Ganzen, zur Gesamtheit unseres Lebens und also auch zu dieser Qual, obwohl wir sie lieber vermieden hätten. Man berichtet, Jesus habe in seinem Todeskampf am Berg Golgatha Blut geschwitzt, so sehr habe er sich gefürchtet, und er habe Gott angefleht, ihm diesen Leidensweg zu ersparen. Doch dann ändert er seine Meinung und sagt: »Nicht mein, sondern Dein Wille geschehe.« Er möchte wirklich keine Qualen erleiden und sterben, doch er sagt »Ja« zu seinem Schicksal: das ist *amor fati*. Und so wird letztlich der innere Frieden trotz allen Schmerzes den Sieg über die Angst davontragen.

Wie so viele war ich erschüttert von den Briefen, die die junge Holländerin Etty Hillesum aus dem Konzentrationslager Westerbork geschrieben hat – kurz vor ihrer Deportation nach Auschwitz, wo sie starb. Sie betont darin, dass ihre Henker sie nicht in ihrem Frieden und ihrer inneren Freude verunsichern könnten. Hier ist der Grund dafür:

> Das Leben und das Sterben, das Leid und die Freude, die Blasen an meinen wundgelaufenen Füßen und der Jasmin hinterm Haus, die Verfolgung, die zahllosen Grausamkeiten, all das ist in mir wie ein einziges starkes Ganzes, und ich nehme alles als ein Ganzes hin [...].
>
> Etty Hillesum, *Das denkende Herz der Baracke. Die Tagebücher 1941–1943*, S. 187.

Weiter oben schrieb ich, dass Weisheit zweifellos ein unerreichbares Ideal sei. Das von Etty Hillesum abgelegte Zeugnis offenbart, dass es manche Menschen doch erreichen. Ich habe sie in meinem Werk *Über das Glück: eine philosophische Reise* zitiert und mein Freund Luc Ferry hat mir geantwortet, Etty Hillesum sei »psychisch krank« gewesen. Ich glaube ganz im Gegenteil, dass sie mit vollkommenem Realismus die Wirklichkeit, die ganze Wirklichkeit, mit Augen voller Weisheit und Liebe betrachtete, was ihr half, das Unerträgliche zu ertragen.

Glück steht wie gesagt nicht im Gegensatz zu Schmerz. Man kann heiter sein oder sogar voller Freude und gleichzeitig einen großen Schmerz durchleben. Eine Frau, die vielleicht voller Schmerzen niederkommt, kann zur gleichen Zeit voller Freude darüber sein, einem Kind das Leben zu schenken. Alles ist eine Frage des Blickwinkels: Es ist möglich, über den Schmerz hinauszuwachsen, indem man seinen Blick erweitert, indem man das Leben in seiner Universalität betrachtet, als »Ganzes«, wie Etty das so gut gesagt hat. Ganz in der Nachfolge von Epiktet und den buddhistischen Denkern ergänzte sie übrigens: »Das große Hindernis ist immer die Erscheinung und nie die Wirklichkeit.«

Man selbst sein und mit der Welt harmonieren

Nach diesem ersten Gedankenaustausch verstehe ich gut, welches Ziel ich anstreben sollte. Lass uns jetzt über den Weg dorthin sprechen: Wie kann ich dieses tiefe und dauerhafte Glück erlangen?

Wie Sokrates bemerkt, beginnt der Weg zur Weisheit mit der Selbsterkenntnis. Stell Dir die Frage: Wer bin ich? Damit ist nicht nur Deine biologische Art und Familienzugehörigkeit gemeint: Du bist ein Mensch, Du heißt ... und Du bist der Sohn oder die Tochter von ... Gemeint ist auch nicht nur Deine kulturelle Zugehörigkeit: Du bist Franzose, Bretone, Korse, Baske ... Und auch nicht nur Deine soziale Zugehörigkeit: Du übst diesen oder jenen Beruf aus und hast eine bestimmte Reputation. Nein, frage Dich nach Deiner tiefen inneren Identität. Wer bist Du abgesehen von allen Zugehörigkeiten? Welche ist Deine wahre Natur? Wonach strebst Du? Dann wirst Du herausfinden, dass das Bild, das andere von Dir haben oder das Du anderen vermitteln möchtest, Deinem echten Wesen vielleicht nicht entspricht. Dass Du nicht voll und ganz Du selbst bist. Dass Du einen Beruf ausübst, zu dem Deine Eltern Dich überredet haben oder den Du aus Mangel an Alternativen gewählt hast, um finanziell abgesichert zu sein. Dass Du in Deinem Gefühlsleben oder gesellschaftlichen Umfeld nicht Du selbst bist, weil Du anderen gefallen, weil Du geliebt und anerkannt werden möchtest. Oder auch, dass Du gar nicht genau weißt, wer Du eigentlich bist, dass Dich das Leben nicht zufriedenstellt, dass Du aber weder weißt, wie Du es anstellen noch wohin Du gehen sollst, um Dich selbst zu verwirklichen. Diese Selbstbefragung ist sehr wichtig, denn keine Suche nach der Weisheit kann auf der Grundlage eines »falschen Selbst« gelingen, einer Unkenntnis seiner selbst, seiner inneren Natur und seiner wahren Sehnsüchte.

Schön und gut, aber wie lernt man sich selbst richtig kennen?

Durch intensive Selbsterforschung, das heißt durch ein genaues Beobachten Deiner Empfindungen, Gedanken, Worte, Deiner Handlungen, emotionalen Reaktionen, Wünsche und Abneigungen. Baruch de Spinoza ist nicht nur einer der größten Philosophen aller Zeiten, er ist auch ein Pionier der Tiefenpsychologie. In seiner *Ethik* erklärt er, dass jeder lebende Organismus sich darum bemühe, in seinem Wesen beständig zu sein und zu wachsen. Und er stellt fest, dass wir jedes Mal, wenn wir unsere Macht zu handeln vergrößern, wenn wir uns gemäß unserer einzigartigen Natur selbst erfüllen, voller Freude sind. Umgekehrt versinken wir jedes Mal, wenn sich unsere Macht zu handeln verringert oder wenn wir nicht gemäß unserem inneren Wesen handeln, in Traurigkeit. Freude und Traurigkeit sind somit zwei fundamentale Gefühle, die uns anzeigen, ob wir wir selbst sind oder nicht, ob wir wachsen oder schrumpfen, ob wir auf dem Weg zur Selbsterfüllung unserer einzigartigen Natur sind oder auf einem Holzweg, der uns von uns selbst und unserem wahren Glück abbringt.

Wenn ich es richtig verstehe, sind Freude und Traurigkeit wie die zwei Enden einer Kompassnadel, die mir anzeigen, ob ich wirklich ich selbst bin und ob mein Leben so ausgerichtet ist, dass ich ein tiefes und dauerhaftes Glück finde?

Ja, aber hier gilt es zwei wichtige Punkte zu präzisieren. Spinoza geht davon aus, dass jedes Gefühl an eine Idee, an einen Gedanken geknüpft ist, und erklärt, dass wir auch falsche Freuden erleben können, die er »passive Freuden« nennt. Das sind Freuden, die an »unangemessene«, irregeleitete Ideen geknüpft sind. Sie verwandeln sich letztlich immer in Traurigkeit, sagt Spinoza. Das geläufigste Beispiel ist die Liebesleidenschaft. Wir durchleben intensive Freude, weil wir eine Person getroffen haben, mit der wir eine leidenschaftliche Liebe teilen. Mit der Zeit wird uns dann allmählich klar, dass wir in einer Illusion gelebt haben, dass der andere nicht der ist, der er vorgab zu sein, oder den wir in ihm sehen wollten. So verwandelt sich die freudige in eine traurige Leidenschaft, manchmal wird die Liebe sogar zu Hass. Im Gegensatz dazu ist eine »aktive« Freude eine Freude, die an eine »angemessene« Idee gebunden ist. Da sie auf der Wahrheit gründet und das Objekt unserer Liebe oder unserer Begierde sich tatsächlich unserer einzigartigen Natur anpasst, entsteht daraus tiefe und dauerhafte Freude. Wir müssen also lernen, passive und aktive Freuden zu unterscheiden. Das erfordert eine sehr feine Selbstbeobachtung und wahre Erkenntnis, denn es geht darum, angemessene Ideen zu entwickeln.

Auch Traurigkeit erfordert eine gewisse Urteilskraft. Es kann durchaus eine Traurigkeit geben, die gerechtfertigt ist und der man gar nicht ausweichen sollte: zum Beispiel die, wenn man einen Angehörigen verliert. Die Traurigkeit, von der Spinoza spricht, ist hingegen einer falschen Orientierung unserer Begierden sowie irregeleiteten Ideen geschuldet. Ich bin traurig, weil ich eine Person liebe, die mir nicht guttut, weil ich einen Beruf ausübe, der mir nicht entspricht, oder weil ich einem falschen Glauben oder einer falschen Idee anhänge. Die Vernunft muss uns mittels Erfahrung oder Selbstbeobachtung dabei helfen, unsere falschen Ideen zu korrigieren und unsere Begierden auf Dinge oder Personen hin neu auszurichten, die uns wachsen lassen. Folglich bereiten sie uns Freude, weil sie im Einklang mit unserer wahren Natur stehen. Für Spinoza ist alles im Leben eine Frage von guten oder schlechten Begegnungen: die schlechten, die sich nicht mit unserem wahren Sein vertragen, machen uns früher oder später traurig, wohingegen gute Begegnungen, die mit unserer einzigartigen Natur zusammenpassen, uns Freude bringen. Diese Begegnungen können wir mit Ideen, Glaubensvorstellungen, Personen, Lebensmitteln usw. haben. Sobald wir uns selbst richtig kennenlernen, beginnen wir zu entdecken, was zu uns passt und was nicht, was gut ist für die Gesundheit unseres Körpers und unserer Seele oder was sie vergiftet.

Deshalb leben wir am besten im Einklang mit der Welt, wenn wir mit uns selbst im Einklang stehen. Es ist ein bisschen wie bei einem Musikinstrument: Ordentlich gestimmt klingt es gut, kann seinen Platz im Orchester einnehmen und harmoniert mit den anderen Instrumenten. Die Freude kommt dann daher, dass wir wirklich wir selbst sind und dass wir uns am richtigen Platz im Kosmos, im Leben, in der Gesellschaft befinden. Das griechische Wort *eudaimôn* (›glücklich‹) sagt es ganz schlicht: *eu* (›gut‹) – *daimôn* (›Genie, Gottheit‹): Das heißt, im Einklang zu sein mit unserem guten Geist oder dem Teil des Göttlichen in uns. Ich würde sagen: Es beschreibt ein gemeinsames Schwingen unseres innersten Wesens und des Kosmos. Weise ist, wer perfekt mit sich selbst und der Welt in Einklang lebt. Er spielt nach seiner eigenen Partitur: Seine Musik ist schön und berührt die Herzen eben dank dieses perfekten Zusammenklangs.

Was Spinoza sagt, lässt mich an Nietzsches berühmte Maxime »Werde, der Du bist!« denken. Aber mir fällt auch die Psychoanalyse ein, die uns auffordert, unsere falschen Identitäten zu entlarven und zu uns selbst zu werden, indem wir uns um Selbsterkenntnis und Klarheit bemühen.

Nietzsche hat die Formulierung des antiken Philosophen Pindar übernommen und war außerdem ein begeisterter Leser Spinozas. Er hatte alle seine großen philosophischen Einfälle unmittelbar nach seiner Lektüre der *Ethik*. Was Freud anlangt, so betrachtet er Spinoza als den wahren Pionier der Psychoanalyse, wenngleich dieser niemals das Wort »Unbewusstes« verwendet hat. Doch auch ohne es verwendet zu haben, beschreibt er viele von dessen Funktionsweisen perfekt und ist der Meinung, dass wir – ohne uns dessen bewusst zu sein – vollkommen von unseren Affekten gelenkt werden, das heißt also durch unsere Begierden, Emotionen, Gefühle. Ich werde darauf zurückkommen, wenn es um die Freiheit geht. Doch um beim Thema der Selbsterkenntnis zu bleiben, möchte ich auch den »Prozess der Individuation« ansprechen, den Carl Gustav Jung erforscht hat.

Jung, der sich von mythologischen Erzählungen und großen Legenden wie der Gralssuche inspirieren ließ, argumentiert, dass unsere Existenz einem initiatorischen Weg ähnelt. Unsere Suche besteht darin, unser Selbst zu verwirklichen, das heißt also, ein einzigartiges Individuum jenseits aller psychischen und sozialen Konditionierungen zu werden. Der Weg zur Selbstwerdung setzt sich aus allen Erfahrungen, die uns das Leben anbietet, zusammen. Dieses Sammeln von Erfahrungen nennt er den Prozess der Individuation. Dieser Weg ist offensichtlich voller Hindernisse. Wie die Helden der Mythen oder der Artussage müssen wir diese Hindernisse überwinden, wobei die wichtigste Aufgabe im Sprung über unseren eigenen Schatten besteht, diesen unbewussten und dunklen Teil von uns, den wir nicht wahrhaben wollen. Manches, was in unserem Unbewussten vergraben ist, ans Licht zurückzuholen, erweist sich als gefährliches Abenteuer, bei dem wir meistens Hilfe von außen brauchen: die eines Analytikers. Doch im Rahmen traditioneller Weisheitslehren kann diese Hilfe auch von einem geistigen Lehrer kommen, der Schlüsselfigur in den großen spirituellen Strömungen wie Hinduismus, Buddhismus, Christentum oder Sufismus. Der Analytiker oder geistige Lehrer ist ein Führer, der den Weg vom Schatten zum Licht schon gegangen ist. Folglich kann er uns leiten, unterstützen und trösten. Natürlich bedarf es einer guten Urteilskraft, um den Lehrer auszuwählen, auf den man sich auf dem Initiationsweg der Selbstverwirklichung stützen möchte.

Welches sind die Kriterien bei der Suche nach einem guten Therapeuten oder einem echten geistigen Lehrer?

In beiden Fällen scheinen mir drei Kriterien wesentlich: Erfahrung, Wohlwollen und Uneigennützigkeit. Unser Führer – ob er nun Psychologe oder spiritueller Lehrer ist – muss selbst erlebt haben, was er lehrt. Denn erst dann kann er einen anderen bei seiner Initiationsreise begleiten. Ferner sollte er wohlwollend sein, das heißt er muss dem, den er begleitet, Gutes wünschen. Das zeigt sich darin, dass er dem Patienten oder Schüler so viel Unabhängigkeit wie möglich vermitteln möchte. Er ist also gerade kein Guru einer Sekte oder perverser Therapeut, der bewusst oder unbewusst versucht, den andern von sich immer abhängiger zu machen. Das Wohlwollen führt außerdem zu einer uneigennützigen Einstellung: Geld darf nicht das Hauptinteresse des Lehrmeisters sein. Im Rahmen einer Therapie ist die finanzielle Vergütung normal, doch sollte sie angemessen bleiben. Therapeuten, die sehr hohe Summen verlangen oder diese im Lauf der Behandlung immer weiter steigern, sollte man aus dem Weg gehen. Im Rahmen der Begleitung innerhalb einer spirituellen Tradition ist im Allgemeinen keine Bezahlung üblich.

Obwohl sich die Unterstützung durch einen solchen Führer als sehr nützlich erweisen kann, wenn wir die dunkelsten Zonen unserer Psyche erforschen möchten, können wir das durchaus auch, wie schon Sokrates, Montaigne oder Spinoza, allein in Angriff nehmen. Denn das Wesentliche des Weges besteht darin, dass wir uns kennenlernen und entdecken, was zu uns passt, was für uns richtig ist, was in uns eine aktive Freude hervorruft. Und es geht darum, unser Leben zu einem Kunstwerk zu machen.

Menschliche Exzellenz: Liebe und Tugenden

Du sagtest am Anfang unseres Gesprächs, Weisheit könne uns zu einem guten und glücklichen Leben führen. Du hast schon viel von Glück gesprochen, aber nur wenig vom guten Leben. Worin liegt der Unterschied?

Sokrates hat diese fundamentale Unterscheidung zwischen einem glücklichen und einem guten, das heißt einem rechtschaffenen, Leben eingeführt. Man kann ein egoistisches Glück suchen, ohne sich allzu sehr um die anderen zu kümmern, oder sich sogar explizit ungerecht verhalten. Wir alle kennen einzelne Personen, die ihr Leben nach dem Motto »Nach mir die Sintflut!« führen. Sie denken nur an sich selbst oder ihren Clan und interessieren sich nicht im Geringsten für das Gemeinwohl. Im Übrigen glaube ich nicht, dass sie im Innersten glücklich sein können, denn tiefes Glück ist gebunden an Liebe, Altruismus und ein gerechtes Verhältnis zu anderen. Wie auch immer, sie streben nach dem Glück, ohne aber nach den Regeln des Anstands zu leben. Ihr Leben kann mehr oder weniger glücklich verlaufen, ohne gut zu sein. Weisheit hingegen führt uns zu einem Leben, das zugleich glücklich und anständig ist. Glücklich, weil sie uns auffordert, uns gemäß unserer einzigartigen Natur zu verwirklichen, und gut, weil sie uns lehrt, auch an die anderen zu denken, sie zu respektieren, anständig zu leben.

Heißt anständig zu leben, die anderen zu lieben?

Ja und nein! Die Liebe ist die Vollendung der Weisheit, denn wenn wir lieben, wenn die Liebe uns leitet, wollen und tun wir das Richtige, ohne dass uns etwas, z. B. irgendein Gesetz, dazu zwingen würde. Jedoch kann man auch die anderen respektieren und aus einer moralischen Verantwortung heraus anständig leben. Man kann also aus Liebe ebenso wie aus Tugend das Gute tun. Diese Liebe kann sehr unterschiedlich geartet sein: Sie kann eine Liebe voller Begehren sein (griech. *érōs*), eine freundschaftliche Liebe (*philía*) oder eine universelle, selbstlose Liebe (*agápē*). Die begehrende Liebe ist widersprüchlich, denn sie kann uns im Extremfall dazu bringen, dass wir unser Leben für den anderen hingeben oder aber … ihn aus Leidenschaft töten! Die freundschaftliche Liebe (zu ihr gehören Freundschaften, aber auch eine Paarbeziehung oder die Elternliebe) – ist viel tiefer und spiritueller: Wir sind wohlwollend gegenüber Menschen, die wir gewählt oder begehrt haben, etwa unserem Partner, unseren Kindern, unseren Freunden gegenüber. Wir wollen das Beste für sie, weil wir sie lieben. Schließlich ist die universelle Liebe (ich ziehe diese Übersetzung von *agápē* dem meines Erachtens zu überladenen Wort ›Nächstenliebe‹ vor) die am meisten spirituelle und am wenigsten emotionale Liebe: Wir lieben nicht nur uns nahestehende Menschen, die wir ausgewählt haben, sondern jedes menschliche Wesen und sogar jedes Lebewesen. Das ist die Liebe, die Buddha oder Christus predigen: eine Liebe, die keinerlei Gegenleistung erwartet. Diese Liebe ist schöpferisch: Wir lieben keine Wesen, die an sich begehrenswert oder liebenswürdig sind, sondern wir machen sie erst durch unsere Liebe zu begehrenswerten oder liebenswürdigen Geschöpfen. Indem wir lieben, geben wir den von uns Geliebten einen Wert. Das ist die Definition göttlicher Liebe, so wie sie in der Bibel beschrieben wird: Gott liebt die Menschen nicht, weil sie liebenswürdig oder liebenswert sind, sondern um ihrer selbst willen. Weil Gott alle Menschen liebt, so sagt uns Christus, schreibt er ihnen einen unermesslichen Wert zu, und folglich müssen wir sie unsererseits lieben. Christus lädt uns ein, unseren Nächsten zu respektieren und Gutes nicht aus Pflichtgefühl zu tun, sondern aus Liebe, indem wir Gottes Liebe zu uns als Beispiel nehmen. Deshalb sagt Spinoza über Christus: »[E]r hat sie so von dem Zwange des Gesetzes befreit und dennoch das Gesetz mehr bestätigt und befestigt und ganz ihren Herzen eingeprägt.« Der Mahayana-Buddhismus (Sanskrit ›großes Fahrzeug‹) hat die gleiche Entwicklung durchlaufen, indem er vom Gesetz des Wohlwollens (Sanskrit *maître*) zum aktiven Mitgefühl gegenüber jedem Lebewesen übergegangen ist (*karuna*). Somit achtet man seinen Nächsten nicht nur, weil man dem Gesetz gehorcht, sondern weil man ihn liebt. Diese universelle und selbstlose Liebe ist die Krönung der Weisheit. Und ich bin davon überzeugt, dass sie umso wahrer wird, wenn sie allen mit Bewusstsein und Gefühl begabten Geschöpfen und nicht nur den Menschen entgegengebracht wird. Für mich liebt und respektiert ein echter Weiser alle Lebewesen, so gut er eben kann.

Es ist sehr schwierig, diese universelle Liebe zu erlangen, vor allem, wenn sie nicht, wie bei Jesus, vom Glauben an einen liebenden Gott getragen wird, oder, wie im Buddhismus, von einer intensiven spirituellen Praxis!

In der Tat! Und deshalb brauchen wir Werte und moralische Tugenden. Die antiken Philosophen haben einige Werte und moralische Qualitäten definiert, welche die Überlegenheit der Menschheit beweisen, und sie »Tugenden« genannt, was etymologisch betrachtet so viel wie ›Vorzüglichkeiten‹ bedeutet. Im Französischen sprechen wir auch von der ›Tugend‹ einer Pflanze oder eines Medikaments und meinen damit deren positive Wirkung. Die Tugend von Arnika oder von Aspirin ist Schmerzlinderung. Übertragen wir das nun auf den Menschen: Wie äußert sich seine Kraft zu handeln? Welche sind seine spezifischen Tugenden, was macht ihn also zum vollendeten Menschen? Welche Qualitäten zeichnen uns aus, und zwar nicht nur als Arzt, Rechtsanwalt oder Banker, sondern als Mensch? Das ist eine der großen Fragen der Weisheitslehre. Ausgehend von dieser Fragestellung haben die Philosophen der Antike eine gewisse Anzahl moralischer Qualitäten definiert, das heißt also Eigenschaften, die an unsere Handlungen und unser Leben in der Gesellschaft geknüpft sind, die uns erlauben, ganz und gar menschlich zu sein. Montaigne und Spinoza haben sich dieser gedanklichen Tradition verpflichtet, die meines Erachtens nichts von ihrer Stichhaltigkeit verloren hat. So schreibt Montaigne: »Nichts ist so schön und so berechtigt, als gut und recht ein Mensch zu sein.«

Welche moralischen Tugenden machen uns zu einem ganzen Menschen?

Die vier Haupttugenden sind diejenigen, die man in der abendländischen Tradition die »Kardinaltugenden« nennt: Gerechtigkeit, Mäßigung, Tapferkeit und Klugheit. Die Gerechtigkeit ist zweifellos die wichtigste Tugend, und Aristoteles nennt sie die »vollkommene Tugend«, weil sie den Rahmen für alle anderen Tugenden bildet. Man kann schließlich auch auf egoistische Weise klug, maßvoll oder tapfer sein. Ein Tyrann kann große Tapferkeit an den Tag legen, ohne diese Tapferkeit einem humanistischen Wert zu widmen.

Gerechtigkeit wiederum ist zugleich ein universeller Wert – denn kein Leben innerhalb einer Gesellschaft ist ohne Gerechtigkeit möglich – und eine persönliche moralische Tugend. Selbst ganz kleine Kinder verstehen schon sehr gut, was Gerechtigkeit in ihren beiden großen Grundzügen bedeutet: Legalität (das, was dem Gesetz entspricht) und Angemessenheit (dies impliziert die Gleichheit aller vor dem Gesetz). Wenn ein Kind sich nicht an eine Spielregel hält, werden andere Kinder sofort zu Gesetzeshütern: »Du musst dich an die Regeln halten, sonst spielen wir nicht mehr mit!« Und wenn sich ein Kind benachteiligt fühlt, beispielsweise, weil es weniger als andere bekommt, begehrt es sofort auf: »Das ist ungerecht!« Wie Aristoteles richtig definiert hat: »Das Gerechte ist also, was den Gesetzen und der Gleichheit entspricht, das Ungerechte aber das Gesetzes- und Gleichheitswidrige.«

Kann es zwischen diesen beiden Bedeutungen von Gerechtigkeit nicht zu Konflikten kommen, denn manchmal kann das Gesetz ja auch ungerecht sein?

Absolut! Sokrates hat, obwohl er hätte fliehen können, akzeptiert, dass er sterben musste, weil er sich der Entscheidung der Justiz seiner Polis nicht entziehen wollte ... so ungerecht diese Entscheidung auch gewesen sein mag! Ich bin mir nicht sicher, ob er vernünftig gehandelt hat. Denn das Gesetz eines Gemeinwesens oder die Entscheidungen einer Justiz kommen manchmal durch autoritäre Gewalt zustande und sind nicht immer richtig. Unter dem Vichy-Regime, das im besetzten Frankreich mit den Nationalsozialisten zusammenarbeitete, hatten die Résistance-Kämpfer Recht und nicht die Kollaborateure, die nach dem Gesetz gehandelt haben. Und ich glaube nicht, dass ich, wenn ich Opfer einer völlig ungerechten Justizentscheidung würde, diese brav annehmen würde! Moralische Gerechtigkeit im Sinne von Angemessenheit scheint mir folglich wichtiger als politische Gerechtigkeit, so notwendig diese für unser Zusammenleben auch sein mag. Sklaverei war Jahrtausende hindurch legal, obwohl sie doch eine moralisch ungerechte Praxis ist, denn sie beruht auf der Diskriminierung menschlicher Wesen. Glücklicherweise haben Männer und Frauen gekämpft, hier wie auch auf vielen anderen Gebieten, damit sich moralisch ungerechte Gesetze weiterentwickeln: Ihnen verdanken wir die gleiche Würde für alle Menschen, Gedankenfreiheit und freie Meinungsäußerung, die Gleichstellung von Mann und Frau usw.

Die moralische Tugend der Gerechtigkeit bewahrt uns davor, Kraft aufzuwenden, um andere Menschen zu beherrschen und auszubeuten. Stattdessen legt sie uns nahe, uns in andere hineinzuversetzen und zu versuchen, deren Interessen zu verstehen, bevor wir handeln. Sie bringt uns dazu, die schwächsten Mitglieder der Gesellschaft, die auch nach Glück streben, zu schützen. So wie ich es im Hinblick auf die universelle Liebe ausgeführt habe, denke ich, dass das menschliche Bewusstsein heutzutage auch hinreichend entwickelt ist, um die moralische Gerechtigkeit auf alle Lebewesen auszudehnen. Nutzen wir nicht unsere Stärke aus, um Tiere auszubeuten und grausam leiden zu lassen, wie es in der Massentierhaltung oder bei Tierversuchen der Fall ist. Respektieren wir ihre natürlichen Bedürfnisse und versagen uns jegliche grausame Handlung. Die Tugend der Gerechtigkeit entwickelt sich dank der Vernunft, aber es braucht dafür auch Empathie und Mitgefühl, also die Fähigkeit, das nachzuempfinden, was andere fühlen, und sich in sie hineinzuversetzen. Wie Darwin 1871 großartig formuliert hat:

> Humanität gegenüber den niederen Tieren dürfte eine der spätesten moralischen Errungenschaften sein. […] Diese Tugend, eine der edelsten, mit der der Mensch begabt ist, scheint zufällig aus unseren Sympathien zu entstehen, und sie wird immer zarter, umfassender, bis sie sich auf alle fühlenden Wesen erstreckt.
>
> Charles Darwin, *Die Abstammung des Menschen und die sexuelle Selektion. Eine Auswahl*, S. 99.

Unsere Nächsten zu respektieren, ist relativ einfach und wir haben ein begründetes Interesse daran. Aber Lebewesen zu respektieren, die uns weniger nahestehen und zu einer anderen Spezies gehören, ist ein Anzeichen dafür, dass sich jemand völlig selbstlos um andere sorgen kann.

Nachdem wir jetzt über Gerechtigkeit gesprochen haben: Inwiefern hilft uns die Mäßigung dabei, wirklich menschlich zu handeln?

Mäßigung ist eine Tugend, mit der wir unsere nie ganz gestillten Begierden regulieren können. Anders als ein weit verbreitetes Bild suggeriert, bedeutet Mäßigung keineswegs Askese, also den Verzicht auf Genuss. Schon Epikur kämpfte gegen diesen Hass auf die Sinnenfreude, wie ihn Speusippos, der Neffe und Nachfolger Platons in der Akademie, entwickelt hatte, und wollte das Gefühl der Sinnenfreude rehabilitieren. Ebenso wie Spinoza, der die Askese heftig anprangerte: »Fürwahr nur ein finsterer und trübseliger Aberglaube verbietet, sich zu freuen.« Für die Weisen hingegen ist die Sinnenfreude umso stärker, je mehr sie beschränkt, eingegrenzt, abgemessen wird. Alles genießen zu wollen bedeutet, gar nichts mehr zu genießen. Das Leid eines Alkoholikers, eines Kettenrauchers oder eines Drogensüchtigen ist weit größer als der Genuss, den ihm seine Sucht verschafft. Wie André Comte-Sponville sehr deutlich sagt, fordert uns die Mäßigung auf, »so viel und so gut wie möglich zu genießen, aber durch intensiveres oder bewussteres Spüren und nicht durch endloses Vermehren der Lustobjekte«. Besser ist es also, Qualität vor Quantität zu setzen und durch die Tugend der Mäßigung zu lernen, unsere Begierden im Zaum zu halten. Aus wenigen Dingen volle Zufriedenheit zu ziehen. Jede kleine Freude intensiv zu genießen. Die Weisen von gestern und heute fordern uns auf zu einer »Macht der Zurückhaltung«, zur »glücklichen Genügsamkeit«, wie Pierre Rabhi es in seinem gleichnamigen Buch beschreibt.

Und die Tapferkeit?

Die Tapferkeit – oder, wie die Philosophen der Antike sagten, die Seelenstärke – ist vor allem ein Charakterzug. Man kann tapfer sein, ohne irgendeine Moral zu kennen, und seine Tapferkeit in den Dienst eines Extremsports oder eines gefährlichen Lebenswandels stellen, man kann sie aber auch ganz einfach als angeborene Fähigkeit sehen, eigene Ängste zu überwinden. Tapferkeit ist wirklich nur dann eine moralische Tugend, wenn sie Selbstüberwindung und Hinausgehen über die eigenen Grenzen mit dem Ziel guter Lebensführung mit sich bringt, und mehr noch, wenn sie anderen dient. Stellen wir uns einen Überfall in der U-Bahn vor. Wenn ich selbst angegriffen werde und keine Angst habe, dann werde ich der Situation problemlos begegnen. Also ist keine Moral nötig. Wenn ich Angst habe und diese Angst überwinde, begehe ich bereits eine tugendhafte Handlung, mit der ich über mich hinauswachse. Und wenn ich Zeuge eines Angriffs werde und dem Opfer zu Hilfe komme, handelt es sich um einen hochgradig moralischen tugendhaften

Akt, denn ich stelle meinen Mut in den Dienst eines anderen. Mut erlaubt uns, Ängste und Grenzen zu überwinden und so an Menschlichkeit zu gewinnen. Deshalb wird er in allen Kulturen bewundert, die einen echten »Helden«-Kult pflegen. Der Held (Amerikaner lieben das!) ist einer, der seine Ängste überwunden und seine Grenzen beiseitegeschoben hat, der es gewagt hat, Risiken einzugehen, insbesondere im Dienst einer Sache, die über seine egoistischen Interessen hinausgeht. Und umgekehrt ist der Antiheld, der »Feigling«, in allen Kulturen die am meisten verachtete Person.

Nun bleibt noch die Klugheit?

Als letzte Kardinaltugend ist die Klugheit in der Tat eine Tugend, die mehr von der Intelligenz als vom Willen abhängt. In diesem Sinne ist sie die Voraussetzung für alle anderen Tugenden. Das Wort enthält heutzutage auch oft die Konnotationen ›vernünftig‹ und ›vorsichtig‹, ›unter völligem Ausschluss von Risiken‹. Das ist aber nicht die Bedeutung, die Klugheit in der Weisheitstradition hat. *Prudentia* ist die lateinische Übersetzung von griechisch *phrónēsis*, was man mit ›praktischer Weisheit‹ oder ›Überlegtheit‹ übersetzen könnte. Die Klugheit, erklärt Aristoteles, ist eine Beschaffenheit des Verstandes, die uns erlaubt, richtig zu überlegen, was in einer bestimmten Situation gut oder schlecht ist, und danach konsequent zu handeln. Epikur betrachtet sie als die Haupttugend, denn mit ihrer Hilfe können wir Vergnügungen beurteilen und unsere Begierden entsprechend ausrichten. Ohne Urteilskraft ist Weisheit nicht möglich. Folglich kann uns die Klugheit im Gegensatz zu dem, was das moderne Verständnis des Begriffes suggeriert, sogar dazu anregen, Risiken einzugehen und dann unseren Mut, zum Beispiel im Namen der Gerechtigkeit, unter Beweis zu stellen.

Fordert uns die Klugheit auch auf, die Folgen unserer Handlungen zu bedenken?

Genau. Und zwar ebenso auf individueller wie auf kollektiver Ebene. Sie hat auch das moderne Prinzip der Nachhaltigkeit inspiriert, ganz besonders auf dem entscheidenden Gebiet des Naturschutzes. Somit ist sie sehr nützlich im Rahmen einer hochtechnisierten Gesellschaft, sofern diese sich noch mit ethischen Fragen beschäftigt.

Ist Klugheit nicht das, was der Volksmund gesunden Menschenverstand nennt?

Man könnte das umfassender beschreiben, indem man eine Analogie zwischen Klugheit und dem Instinkt von Tieren herstellt. Tiere haben einen natürlichen Instinkt, mit dem sie in jeder Situation das für sie Gute vom Bösen unterscheiden und entsprechend handeln können. Diesen tierischen Instinkt tragen wir noch in uns – einige nennen ihn in der Tat »gesunden Menschenverstand« –, allerdings ist er aufgrund der Vorrangstellung der Kultur in den Hintergrund gerückt, und genau deshalb ist es umso nötiger, dass wir uns unserer praktischen Intelligenz, unseres Urteilsvermögens bedienen.

Es gibt viele andere Tugenden – Großzügigkeit, Menschlichkeit, Barmherzigkeit, Sanftheit, Toleranz usw. –, die auch sehr wichtig für die Weiterentwicklung unserer Menschlichkeit sind. Wenn Dich das interessiert, so empfehle ich Dir die Lektüre zweier bemerkenswerter und umfassender Werke zu dieser Frage: Die *Nikomachische Ethik* von Aristoteles und die *Ermutigung zum unzeitgemäßen Leben* von André Comte-Sponville.

Das mache ich! Ich habe mich immer wieder gefragt, ob man Humor, für den ich sehr empfänglich bin, auch als Tugend ansehen könnte?

Absolut. Du gibst mir die Gelegenheit, noch ein Wort zu zwei Tugenden zu sagen, die in der Tradition nur selten erwähnt werden und die mir unabdingbar für die Entfaltung von Weisheit erscheinen: Humor und Flexibilität. Diese beiden Eigenschaften verbindet aber auch etwas miteinander. Eine grundlegende Tugend des Humors ist, dass wir mit seiner Hilfe Dinge relativieren, Flexibilität beweisen und zur Tragik unserer Existenz Abstand gewinnen können. Wie Woody Allen sagt: »Das Leben besteht aus einer Folge von Problemen, aber das schlimmste ist, dass es endet.« Humor ist eine Geisteshaltung, mit der wir einer schwierigen oder gar dramatischen Situation ins Auge sehen können. Über diesen Umweg können wir sie leichter ertragen und vielleicht sogar Freude daraus ziehen. Der spirituellste und tiefste Humor ist im Übrigen der, mit dem man sich über sich selbst lustig macht und bei dem der jüdische Humor Pate gestanden hat.

Weshalb haben die Juden diesen ganz besonderen Sinn für Selbstironie entwickelt?

Dafür gibt es einen theologischen und einen historischen Grund. Der theologische Grund liegt in der enormen Kluft zwischen dem göttlichen Auserwähltsein des jüdischen Volkes und dem alles in allem sehr menschlichen Verhalten seiner Angehörigen. Der Bibel zufolge hat Gott, Schöpfer des Himmels und der Erde, dieses kleine Volk auserwählt, das aber keineswegs heiliger oder tugendhafter als andere ist. Diese Bürde des Auserwähltseins ist so schwer zu tragen, dass es besser ist, darüber zu lachen und sich über sich selbst lustig zu machen. Der historische Grund ist, dass das jüdische Volk seit zweitausend Jahren alle Arten von Verfolgung zu ertragen hatte. Wie ich gerade schon sagte, erleichtert Humor es den Menschen, das Tragische auszuhalten oder ihm vielleicht sogar einen Sinn zu geben. Es scheint mir, dass der wunderbare jüdische Humor, Gipfel der Selbstironie, sich angesichts dieser beiden Problematiken entwickelt hat, des Auserwähltseins und der Verfolgung, wobei letztere die erstere noch schwieriger macht, indem sie die für Humor notwendige Distanziertheit verstärkt.

Aber der Humor hat noch zwei andere Tugenden: Er schafft Gemeinschaft, also eine soziale Bindung (die Tugend des gemeinsamen Lachens) und macht das Ernste leichter, indem er die Bescheidenheit fördert. Die Weisheit eines humorlosen Weisen wäre bedrückend und belastend; man sagt zu Recht, dass ein Heiliger ohne Humor ein trauriger Heiliger ist. Humor scheint mir also unverzichtbar für die Weisheit! Einerseits, weil wir mit seiner Hilfe die – tragische und folglich lachhafte – Diskrepanz zwischen dem angestrebten Ideal und dem, wie wir wirklich sind, ertragen können. Lieber lachen wir über unsere Grenzen, unsere Verletzlichkeit und unsere Fehler, als dass wir uns darüber beklagen oder darüber weinen. Andererseits, weil er uns leichter und bescheidener einen spirituellen Weg gehen lässt, der uns auch schnell zu ernsthaft, zu stolz oder zu eitel machen könnte. Immer wenn man mir einen sogenannten »spirituellen Meister« vorstellt, ist das Erste, was ich teste, sein Sinn für Humor. Denn ein Mensch ohne Humor scheint mir noch einen weiten Weg vor sich zu haben, bis er zu einem ausgereiften menschlichen Wesen wird.

Du hast außerdem noch die Flexibilität als wesentliche Tugend hervorgehoben. Ich nehme an, Du verstehst darunter die Biegsamkeit des Geistes und nicht die des Körpers?

Die Biegsamkeit des Körpers ist wichtig, um sich gut zu bewegen, doch geistige Biegsamkeit ist genauso wichtig, um gut zu leben. Flexibilität, also die Fähigkeit, sich jeder Situation anzupassen, scheint mir eine wesentliche Voraussetzung für Weisheit zu sein. Sie fehlt in der abendländischen Tradition, doch ist sie die Grundlage einer großen chinesischen Weisheitsströmung, die mir sehr gefällt: des Taoismus. Die taoistische Philosophie ist in China um das 4. Jahrhundert v. u. Z. entstanden und entwickelt sich als Gegenstück zum offiziellen konfuzianischen Denken (das sie jedoch in Teilen inspiriert hat), als eine Form undogmatischen, skeptischen und kritischen Denkens. Sie basiert auf Werten, die paradox erscheinen, wie der Macht des Schwachen, der Weisheit des Kindes oder der Wirksamkeit des Nichthandelns. Doch die Haupttugend, von der einer ihrer wichtigsten Gründer spricht, Zhuangzi (ein Mann mit viel Humor), ist die Biegsamkeit. Der Weise (oder der nach Weisheit Strebende) ist biegsam, flexibel, anpassungsfähig. Er ist niemals festgefahren in seinem Denken oder in seinem Betragen. Er gewöhnt sich somit daran, im Inneren die ständige Bewegung des Lebens auszugleichen, anstatt ihr durch dogmatisches Denken oder eine starre Haltung widerstehen zu wollen. Im Gegensatz zum konfuzianischen (oder stoischen) Denken besteht für Taoisten die Weisheit nicht darin, einer perfekten kosmischen Ordnung zu folgen, sondern eher darin, sich freudig dem überbordenden, chaotischen, unruhigen und unvorhersehbaren Strom des Lebens auf der Erde hinzugeben. Die taoistische Weisheit ist folglich nicht Weisheit der Ordnung, sondern der Unordnung; sie predigt nicht Stabilität, sondern Bewegung. Sie rühmt die Spontaneität, das Biegsame, Flüssige, um Harmonie zu finden, nicht nur mit einer starren kosmischen Ordnung, sondern auch mit der Fülle des Lebens selbst. Darin liegt der Schlüssel des wahren Glückes, der höchsten Freude. Wir finden in dieser Weisheit einen fundamentalen Gedanken wieder, den wir schon entwickelt haben: Akzeptanz, Loslassen, »Ja« zum Leben sagen. Aber hier erscheint dieser Gedanke in einer undogmatischen, freudigen Perspektive, getragen von Spontaneität und Leichtigkeit. So wie kleine Kinder das Leben betrachten.

Sind alle Tugenden, die Du angesprochen hast, und insbesondere die Kardinaltugenden naturgegeben? Wie kann man sie erlangen und entwickeln? Tatsächlich weiß ich oft, was gut für mich ist, was ich tun müsste, aber oft bin ich zu schwach und unbeständig, um das dann umzusetzen.

Dank der Tugenden kann der Mensch das gesamte ethische Potential seiner menschlichen Natur entfalten. Die Mehrzahl der Moralisten denkt, dass dieses Potential sich allein der Erziehung verdanke. Ihrer Meinung nach würde ein in der Wildnis lebendes Kind, das von Wölfen aufgezogen wurde, versuchen, die Eigenschaften eines Wolfes anzunehmen. Ein Kind, das in einer menschlichen Gesellschaft erzogen wird, versucht durchaus auch, die Tugenden der Menschen zu entwickeln. Das ist unumstritten, doch ist ebenso gewiss, dass sich natürliche Anlagen wie gerecht, maßvoll, mutig und klug zu sein, je nach Individuum unterscheiden. Und genau so ist es mit dem Sinn für Humor, Großzügigkeit, Mitgefühl usw. Jeder Einzelne trägt dafür unterschiedliche Anlagen und Ausdrucksformen in sich: Manche Kinder neigen mehr zu Großzügigkeit, Bescheidenheit oder Gerechtigkeit als andere. Allerdings spielt für die Entwicklung dieser Eigenschaften die Erziehung eine wesentliche Rolle. Sie kann auch gewisse natürliche Neigungen korrigieren, die zu Süchten oder Lastern führen könnten. Meiner Meinung nach stehen Tugenden folglich an der Schnittstelle von Natur und Kultur, selbst wenn letztlich die Kultur für ihre Entwicklung bestimmend ist.

Aristoteles zufolge erlangt und behält man Tugenden eigentlich auf Dauer. Das bedeutet allerdings nicht, dass man sein Leben lang tugendhaft ist! Über die Erziehung vermittelte Tugend wird erst stark und schlägt in uns Wurzeln, wenn wir uns in ihr üben. Erst wenn man schmiedet, wird man Schmied, nur wenn man Klavier spielt, wird man Pianist, und wenn man regelmäßig mutig oder maßvoll handelt oder lebt, wird man ein mutiger oder maßvoller Mensch. Die Tugend, sagt uns die Tradition, ist ein »Habitus« – die lateinische Übersetzung des griechischen Wortes *hexis* –, eine stabile Eigenschaft, etwas, das sich uns einprägt, wenn wir tugendhaft handeln. Aber das Gegenteil ist auch wahr: Man wird lasterhaft, indem man schlecht handelt. Man wird zum Alkoholiker, wenn man der kleinen Versuchung nachgibt, ein Gläschen zu viel zu trinken. Aristoteles definiert im Übrigen die Tugend als ideale Mitte (*areté* im Griechischen) zwischen zwei Extremen, die jeweils Schwächen sind. Demnach wäre Mäßigung die ideale Mitte zwischen Ausschweifung (der Schwäche, sich zu viel zu gönnen) und Askese (der Schwäche, freudlos zu leben). Die Tapferkeit bildet die ideale Mitte zwischen Feigheit (kein Risiko einzugehen) und Kühnheit (Risiken unbesonnen einzugehen) usw.

Das erinnert mich an den von Buddha empfohlenen berühmten »Weg der Mitte«. Ist das die gleiche Idee?

Buddha hat in der Tat mit extremen Wegen experimentiert. Nach dem Luxus seines Lebens als Fürst ist er ins andere Extrem gefallen: Askese und totaler Verzicht. Als er bemerkt hat, dass er so nicht weiterkommt, hat er sich an den Fuß eines Baumes gesetzt, um Tag und Nacht zu meditieren. So hat er die Erweckung, die Erleuchtung erlangt, die ihm insbesondere ermöglicht hat, intuitiv zu verstehen, dass die wahre Weisheit darin liegt, die richtige Mitte zwischen der Hingabe an Sinnesfreuden und dem Verzicht darauf zu finden. »Indem er diese beiden Extreme vermied, so sagt es Buddha in seiner ersten Lehrrede von Benares, entdeckte er den Weg der Mitte, auf dem er Klarsicht und Erkenntnis fand und der ihn zum Frieden, zur Weisheit und ins Nirwana führte.« Das ist die gleiche Idee, wie sie Aristoteles entwickelt hat: ein Gleichgewicht zwischen zwei Extremen, das allerdings auf das gesamte Leben anzuwenden ist. Die Weisheit lehrt uns, eine ausgewogene Existenz ohne Exzesse zu führen. Sinnesfreuden zu genießen, ohne uns an sie zu klammern. Zu guter Letzt läuft das alles auf unsere täglichen kleinen Entscheidungen hinaus, die zu Gewohnheiten werden: gute oder schlechte, tugendhafte (die mich menschlich wachsen lassen) oder lasterhafte (die meine menschliche Größe mindern).

Doch wie kann man schlechte Angewohnheiten ablegen? Wie können wir uns von einer Sucht oder einem Laster befreien, das uns unglücklich macht und unserem Umfeld schadet? Indem wir uns dessen bewusst werden? Durch Willenskraft?

Die Epikureer denken, die praktische Klugheit, die Urteilskraft, reiche aus, um unserer Begierden Herr zu werden und unsere schlechten Angewohnheiten abzulegen. Die Stoiker hingegen sind überzeugt, alles sei eine Frage des Willens:

»Wenn Du willst, kannst Du auch!« Die Erfahrung lehrt, dass beide Fähigkeiten notwendig sind ... aber oft nicht genügen! Ein Alkoholiker kann sich vollkommen der Tatsache bewusst sein, dass ihn seine Abhängigkeit unglücklich macht und er sie aufgeben sollte. Er kann aufhören wollen. Doch schafft er es trotz seiner Anstrengungen nicht. Genauso ist es mit den meisten Süchten oder schlechten Angewohnheiten: Wir stellen fest, dass das Erkennen des Problems und der Wille nicht ausreichen, damit wir aus dem Schlamassel herausfinden. Spinoza ist zweifellos der erste Weise, der bestätigt, dass das menschliche Wesen noch eine andere Macht als Verstand und Willenskraft benötigt, um sich zu ändern: das Begehren. Das Begehren, so sagt er uns, ist die »Essenz des Menschen«. Das menschliche Wesen ist ein begehrendes Wesen (nicht nur aus einem Bedürfnis heraus), und die Macht seines Begehrens ist so groß, dass es sein gesamtes Inneres mobilisieren kann, um einen endgültigen Verhaltenswandel zu erreichen. Dabei spielt die Vernunft eine wesentliche Rolle, denn durch sie können wir unsere Handlungen erhellen, lenken und neu ausrichten. Doch ohne die vitale Macht unseres Begehrens bleiben Entscheidungen, uns verändern zu wollen, nur gar zu oft fromme Wünsche.

Wenn wir Gefangene einer Begierde oder Verhaltensweise sind, die uns unglücklich macht oder unter der andere leiden, hat unser Verstand die Aufgabe, neue Begierden hervorzurufen, an denen wir wachsen können und die uns Freude bringen. Dank unserer Vernunft können wir neue Objekte (oder Personen) besser erkennen, auf die wir unser Begehren lenken können, um eine falsche Gewohnheit, die nur Traurigkeit hervorruft, aufzugeben. Die Begierde ist also das Fundament unseres Handelns, und wir müssen lernen, ihr eine andere Richtung zu geben, indem wir neue, mit angemessenen Ideen verbundene Motivationen entwickeln: Entdecken, was wirklich gut für uns ist, was unserer Natur entspricht, was uns anzieht, woran wir wachsen und was uns echte Freude bereitet. Die Moral Spinozas, deren Anhänger ich bin, ist das genaue Gegenteil einer Moral des Müssens, die sich auf den Willen gründet und »Du musst«, »man muss« zu uns sagt. Sie entspricht vielmehr einer aufgeklärten Ethik, die sich jedoch auf unsere Lebenskraft gründet, auf unser Verlangen und Streben nach Freude.

Geistige Übungen

Du sagtest zu Beginn unseres Gespräches, dass die philosophischen Schulen der Antike geistige Übungen vorgeschlagen haben, die beim Finden von Weisheit helfen sollen. Auch fernöstliche Lehren wie der Buddhismus empfehlen zahlreiche Praktiken und Techniken. Welche Übungen könnte ein Mensch unserer Zeit machen, um Weisheit zu erlangen?

Die wichtigste Übung, die damit zur Grundlage für alles andere wird, besteht darin, die entsprechende Absicht und die Wachsamkeit aufrechtzuerhalten. Die Absicht aufrechtzuerhalten bedeutet, jeden Tag daran zu denken, dass Du an Menschlichkeit gewinnen möchtest, dass Du Dich bessern und bewusster leben möchtest, dass Du mehr lieben sowie verantwortungsvoller, tugendhafter sein willst und diesen Entschluss immer wieder erneuerst. Die Wachsamkeit aufrechtzuerhalten bedeutet, das Anliegen stets im Kopf zu haben, besonders in einer Entscheidungssituation oder einem emotional aufgeladenen Zustand. So kannst Du jedem Ereignis am besten begegnen und Schritt für Schritt, nach und nach, wird deine Weisheit wachsen. Denn wenn Du Dich an einem Tag verbessern willst und am nächsten Tag nicht mehr daran denkst, bringt das genaugenommen gar nichts! Menschlich zu wachsen ist eine Aufgabe für jeden Tag, sie erfordert beständiges Wollen und stetige Aufmerksamkeit gegenüber Deinen Gefühlen, Deinen Reaktionen auf Ereignisse und Deinen Beziehungen zu den anderen. Die Hauptübung besteht genau darin, und so kannst Du nach und nach Tugenden erlangen, Deinen Geist verändern, Deine Urteilskraft und Anpassungsfähigkeit unter Beweis stellen sowie Deinen Blick erweitern. Das alles spielt sich im Alltag ab, mit Entschlossenheit und konstanter Wachsamkeit.

Ich verstehe die Absicht im Allgemeinen gut, aber wie kann sich meine Wachsamkeit konkret äußern? Gib mir ein paar Beispiele.

Buddha sagt uns, dass Wachsamkeit oder Wachheit des Geistes mit deren Anwendung auf Gedanken und Worte beginnen müsse. Wenn Du einen gesundheitsschädlichen, krankhaften oder mit Gefühlen wie Angst, Traurigkeit, Wut oder Hass verbundenen Gedanken bemerkst, kannst Du vermeiden, dass er sich weiterentwickelt, indem du wachsam bist. Gedanken haben nicht nur einen beträchtlichen Einfluss auf uns selbst, sondern auch auf andere. Ein böser Gedanke kann ein wahres Gift sein, das unseren Geist und unser Herz verdunkelt. Er kann sich auch, wenn unser Geist entsprechend negative Energie erzeugt, auf andere auswirken. Was man in bestimmten Kulturen den »bösen Blick« nennt, ist kein Aberglaube. Die Tatsache, dass man gegenüber jemandem negative Gedanken hat, kann einen realen negativen Einfluss auf diese Person haben. Das Gegenteil ist aber auch wahr: Unsere positiven Gedanken können eine wohltuende Wirkung auf uns selbst und auf andere haben. Was man in der Religion Gebet nennt, ist zunächst einfach nur ein guter Gedanke, den man sich selbst oder anderen schenkt. Ob Gott nun existiert oder nicht, das Gebet kann allein durch die Kraft der Gedanken Wirkung zeigen. Deshalb ist die

»Gedankenkontrolle« in allen spirituellen Traditionen der Menschheit von Bedeutung.

Mit der Wachsamkeit in Bezug auf das, was wir sagen, verhält es sich genauso. Unsere Worte, daran wird es noch deutlicher, haben einen beträchtlichen Einfluss auf unsere Beziehungen zu anderen. Ein Wort kann ebenso leicht töten wie retten. Die tibetische buddhistische Tradition beschreibt vier Tugenden in Bezug auf Worte: nicht lügen, keine verletzenden Worte, keine Worte der Zwietracht und keine belanglosen Worte sagen. Zu Recht sagt uns der Volksmund, man solle »jedes Wort auf die Goldwaage legen«, bevor man zu sprechen beginne.

Gibt es neben der ständigen Wachsamkeit hinsichtlich meiner Gedanken und Worte weitere Übungen, die ich ausführen könnte, ein bisschen so wie tägliche Morgen- und Abendrituale?

In der Tat gibt es in allen spirituellen Traditionen solche Empfehlungen. Ich kann Dir von denen berichten, die ich selbst ausprobiert habe. Am Morgen kannst Du Dir ein bisschen Zeit zum Meditieren nehmen, um Deine Mitte zu finden, Dir Deinen Tagesplan zurechtlegen und Deinen Geist auf das Wesentliche fokussieren. Dann kannst Du einige Minuten in der Stille verharren, ohne besondere Absicht, indem Du Dir einfach nur die Gegenwart vor Augen führst und auf Deinen Atem achtest, damit Du Dich nicht vom dauernden Fluss Deiner Gedanken mitreißen lässt. Du kannst versuchen, diese kleine Meditation mehrfach täglich zu wiederholen, denn so kannst Du eine Art von Bei-Dir-Sein entwickeln, die Du auch auf die anderen und Deine Umwelt übertragen kannst. Sie ermöglicht Dir eine Innenschau, indem sie geistige Ruhe erzeugt und Deinem Tag eine besondere Note verleiht. Sie verhilft Dir auch zu einer gewissen Distanz gegenüber störenden Gedanken und Gefühlen, die im Lauf der Stunden auf Dich einprasseln, denn durch Meditation wird es Dir zur Gewohnheit, diese zu beobachten.

Du erwähnst die Meditation. Sollte man dabei eine bestimmte Haltung einnehmen, sie in einer bestimmten Art oder an einem bestimmten Ort durchführen?

All das ist eigentlich nebensächlich! Du kannst meditieren, während Du in Deinem Schlaf- oder Wohnzimmer sitzt, aber auch im Auto, in der U-Bahn oder beim Laufen. Meditation ist vor allem eine Geisteshaltung: aufmerksam sein, die Gegenwart spüren. Zu diesem Zweck lernst Du, objektiv und losgelöst zu beobachten, was sich in Dir abspielt. Du lässt Deine Gedanken vorbeiziehen, ohne ihnen zu folgen, und es wird Dir helfen, Deine Aufmerksamkeit auf Deine Atmung oder auf Deine körperlichen Empfindungen zu lenken, um so dem ununterbrochenen Gedankenstrom zu entgehen. Und das kann man überall und jederzeit praktizieren. Das Wichtigste ist, während der gesamten Übung wachsam zu bleiben und sie stetig zu wiederholen, und sei es nur für ein paar Minuten. Dank dieser Praxis der Achtsamkeit wirst Du mit der Zeit bei allem, was Du tust, heiterer und präsenter sein.

Ist es sinnvoll, dieses Achtsamkeitsritual auch abends vor dem Einschlafen zu praktizieren?

So förderlich, wie es ist, am Morgen einen Plan für den Tag zu machen, so nützlich kann es sein, am Ende des Tages vor dem Schlafengehen Bilanz zu ziehen. Das nannten die Autoren der Antike – später wurde dann der Gedanke von den Kirchenvätern aufgegriffen – »Gewissensprüfung«. Sie kann einige Minuten dauern, in denen du versuchst, Deinen Tag in geistiger Hinsicht zu rekapitulieren: Was habe ich Gutes oder Schlechtes getan? Habe ich möglicherweise jemanden verletzt? War ich wirklich aufmerksam?

Als Kind habe ich eine katholische Schule besucht, und das weckt schlechte Erinnerungen in mir! Da musste man jeden Abend sein Gewissen befragen, ob man nicht irgendeine Sünde begangen hatte. Ich habe damals ein ungutes Schuldgefühl entwickelt, von dem ich mich erst nach Jahren befreien konnte.

Das ist nicht das Gleiche. Eine Gewissensbefragung im philosophischen Sinne, wie sie in der Antike praktiziert wurde, ist keine Selbstanklage unter den Augen eines Gottes, der gerade von der älteren Generation häufig als tyrannischer Richter empfunden wurde, was im Übrigen völlig im Gegensatz zur christlichen Botschaft steht. Hier geht es nur darum, ein bisschen Zeit für eine Innenschau zu haben, die Dir gestattet, Dich morgens und abends zu beobachten und herauszufinden, ob Du Deinen am Morgen gefassten Plan einhalten konntest oder nicht, ob Du Dich in diesem oder jenem Bereich verbessert hast, ob Du positiv oder negativ auf unerwartete Ereignisse reagiert hast usw. Es geht nicht darum, über Dich zu richten, sondern Dich in der bestmöglichen Weise selbst zu regulieren, so wie man ein Musikinstrument stimmt, damit Du an jedem Tag mit anderen und mit der Welt auf die bestmögliche Weise in Einklang stehst.

Es gibt noch eine kleine tägliche Übung, die ich Dir wärmstens empfehle: dankbar sein. Sobald du am Morgen aufstehst, danke dem Leben dafür, dass Du lebst und gesund bist (wenn Du es denn bist); und wenn Du dich abends schlafen legst, danke dem Leben für das, was Dich den Tag über glücklich gemacht hat. Bedanke Dich jedes Mal, wenn Du merkst, wie Freude Dein Herz ergreift, weil Du eine gute Nachricht bekommst, weil Dir das Leben ein Geschenk macht, weil Du Dich im Frieden fühlst. Und wenn Du Weisheit findest, wirst Du auch lernen, für eine Schwierigkeit zu danken, für ein Scheitern oder eine Prüfung, denn Du wirst verstanden haben, dass jedes Hindernis eine Quelle des Wachstums, des Bewusstseins und der Liebe sein kann. Diese Praxis der Dankbarkeit, in der ich mich seit Jahren jeden Tag übe, hat den Effekt, dass Liebe und Freude in unserem Herzen größer werden.

Du erwähntest Maximen und Sinnsprüche, die die Philosophen der Antike auswendig lernten, um sich gegen jedes irritierende Ereignis zu wappnen. Machst Du so etwas auch?

Ja und nein! Nein insofern, als ich nicht zig Lebensmaximen auswendig parat habe, wenn eine Schwierigkeit auftritt. Aber ja insofern, als ich seit sehr langer Zeit die Angewohnheit habe, mir bei meinen umfangreichen Lektüren Sätze oder Gedanken zu notieren, die ich besonders hilfreich oder treffend finde. Seit vielen Jahren stelle ich jeden Sonntag einen Gedanken auf meine Facebook-Seite, um ihn mit meinen Lesern zu teilen, und wie Du merkst, lasse ich es mir nicht nehmen, diese auch an die Allgemeinheit oder in meinen Werken weiterzugeben. Ganz persönlich finde ich Trost, wenn ich welchen benötige, eher in Gedichten oder in der Musik als in der Philosophie. Mein Herz und meine Sinne müssen genauso gesund ernährt werden wie mein Geist!

In einigen Büchern oder Vorträgen, die ich von Dir gelesen oder gehört habe, betonst Du tatsächlich besonders den Zusammenhang zwischen Geist, Herz und Körper. Allerdings werden diese drei Dimensionen oft voneinander getrennt betrachtet. Natürlich kenne ich Praktiken wie Yoga und Philosophen in der Nachfolge von Spinoza, welche die enge Verbindung von Körper und Geist würdigen, doch gehen sie auf das Herz nicht näher ein.

Und gerade deshalb scheint mir notwendig, diese Trennung aufzuheben und sie miteinander in Einklang zu bringen! Wie schade ist es, Leute zu sehen, die ihren Körper trainieren, ohne ihrem Geist auch nur das geringste Interesse beizumessen! Oder brillante Intellektuelle, deren Herz verschlossen oder deren Körper ewig verkrampft ist! Im Leben funktionieren wir als Ganzes: Unser Geist, unser Herz, unser Körper sind immer, ob man sich dessen bewusst ist oder nicht, eng miteinander verbunden. Unsere Gedanken sowie unsere Gefühle haben einen beträchtlichen Einfluss auf unseren Körper, und umgekehrt beeinflusst unsere Gesundheit stark unsere Gefühle und Ideen. Alles ist miteinander verbunden, und wenn die Weisheit nur auf unseren Geist wirken würde, dann wäre das eine ziemlich armselige und traurig rationale Weisheit. Die Suche nach Weisheit betrifft ebenso stark unseren Geist wie unser Herz, unsere Gefühle und unseren Körper. Deshalb würde ich Weisheit vor allem als *Lebenskunst* bezeichnen. Eine Kunst zu atmen, zu essen, zu denken, zu fühlen, zu empfinden, zu sehen, zu hören, zu schmecken, zu berühren und zu lieben. Weisheit ist das völlige Gegenteil eines asketischen Lebens, das den Körper und die Gefühle verachtet: Sie ist eine Kunst, auf gesunde Weise das Leben zu genießen mit allen Dimensionen unseres Seins. Ich bin überzeugt, dass das nur geht, wenn wir jeden dieser Aspekte gut pflegen. Wenn wir versuchen, sie miteinander in Einklang zu bringen, lernen wir, wahrhaft gut zu leben. Diesen Weg zu beschreiten, dauert ein ganzes Leben, doch ist er für mich das Schönste überhaupt.

Wer versucht, ein gutes und glückliches Leben zu führen, beginnt am besten damit, sich dafür zu interessieren, wie er atmet und was er isst. Mir hat Yoga sehr geholfen, besser zu atmen und meinen Atem bewusster zu erfahren, und seit einigen Jahren bin ich dabei, aus gesundheitlichen und ethischen Gründen meine Ernährung aus Achtung vor dem Tier- und Pflanzenwohl ernsthaft zu verändern. Biologische und regionale Lebensmittel, weniger oder gar kein Fleisch zu essen bedeutet, für sich selbst, für andere und für die Welt Sorge zu tragen.

Man braucht aber auch Geld, um Bio zu essen!

Das ist ein Trugschluss. Sicher, regionale Produkte und Lebensmittel aus biologischer Erzeugung sind – wenn man nicht gerade einen eigenen Gemüsegarten hat – teurer als importierte Produkte voller Pestizide im Supermarkt. Aber wenn wir analog dazu unseren Verbrauch von Fleisch und gezuckerten Getränken (Limonaden usw.) senken, denn all das schadet unserer Gesundheit, gleicht sich unser Budget wieder aus. Weniger Fleisch zu essen, hat vier beachtliche Konsequenzen: Man tut dem Planeten etwas Gutes, weil die Massentierhaltung eine ökologische Katastrophe ist (sowohl durch den Klimawandel als auch den Verbrauch von Ressourcen wie Wasser); man vermeidet das unnötige Leid von Milliarden Tieren während der Aufzucht und Schlachtung; man schützt die eigene Gesundheit (die Welternährungsorganisation WHO empfiehlt nachdrücklich, unseren Fleischkonsum zu senken, der für viele Krankheiten, insbesondere für

Herz-Kreislauf-Erkrankungen, verantwortlich ist); und man spart Geld, mit dem man dann wieder biologische Lebensmittel kaufen kann.

Vegetarier zu werden, ist angesichts unserer Ernährungsgewohnheiten extrem schwierig. Selbst wenn ich dies für notwendig hielte, bliebe es doch eine herausfordernde und reichlich asketische Entscheidung!

Ohne von heute auf morgen Vegetarier zu werden, was in der Tat nur wenigen Menschen gelingt – und da schließe ich mich selbst ein –, kann man sich doch in Richtung Vegetarismus bewegen, indem man nach und nach seinen Fleisch- und Fischverbrauch einschränkt. Das nennt man dann »Flexitarier«, ich bin auch einer. Ich kaufe überhaupt kein Fleisch mehr und Fisch beziehe ich nur aus der Region, er wird gleich neben meinem Haus in Korsika verkauft. Trotzdem passiert es mir noch hin und wieder, dass ich Fleisch oder Fisch im Restaurant esse, wenn mir sonst nichts auf der Speisekarte zusagt, oder bei Freunden. Es gibt nur zwei Fleischsorten, die ich absolut nicht mehr esse: Kalb und Lamm, denn mir wird schon übel bei dem Gedanken, dass die Tierkinder nur wenige Wochen oder Monate nach der Geburt geschlachtet werden. Ich hoffe, dass ich eines Tages ganz Vegetarier werde, denn ich denke, es könnte nichts Besseres für unseren Planeten geben, für die Tiere und für meine eigene Gesundheit, aber dafür brauche ich meine Zeit, das geht nur ohne Zwang oder Schuldgefühle. Das entspricht übrigens auch meiner Vorstellung von der Suche nach Weisheit im Allgemeinen: in eine Richtung, die uns am besten scheint, voranzuschreiten, aber im eigenen Tempo, ohne sich selbst zu kasteien oder exzessiv unter Druck zu setzen.

Zwei Dinge zum Vegetarismus möchte ich noch hinzufügen. In der von mir ins Leben gerufenen Vereinigung »Ensemble pour les animaux« (›Gemeinsam für die Tiere‹) und in Verbindung mit verschiedenen Experten, Vereinigungen und Viehzüchtern arbeiten wir an einem Ethiklabel für Tierwohl, damit jeder sein Fleisch bewusst kaufen kann, indem er sich entscheidet, etwas mehr zu bezahlen und dafür die Gewissheit zu haben, dass das Tier weniger gelitten hat, oder den eigenen Verbrauch zu senken. Indem ich meinen Fleischverbrauch gesenkt habe, habe ich auch gelernt, anders zu kochen – ich koche leidenschaftlich gern – und mir neue Proteinquellen und Geschmacksrichtungen zu erschließen. So kann ich weiterhin mit Vergnügen und ausgewogen essen.

Auf seinen Körper zu achten heißt auch, sich täglich zu bewegen, gut zu schlafen, indem man vor Mitternacht zu Bett geht, und zu lernen, mit seinen Gefühlen umzugehen, also den eigenen Empfindungen gegenüber aufmerksam zu sein. Ich gebe zu, dass ich auf all diesen Gebieten noch erheblichen Verbesserungsbedarf habe – besonders in den Bereichen Sport und Schlaf. Wie Juvenal sagte, ist das Ziel von Weisheit ein »gesunder Geist in einem gesunden Körper«. Ich würde hinzufügen: »mit einem guten Herzen«.

Ich würde nun gern auf die Frage der Liebe zurückkommen, die Du nur kurz gestreift hast, bevor Du von den Tugenden gesprochen hast. Du hast gesagt, Liebe sei der Gipfel der Weisheit, doch wie soll man auf die richtige Weise lieben? Wie soll man die begehrende Liebe, die Leidenschaft hervorruft, mit der universellen selbstlosen Liebe verbinden? Kann man lernen, besser zu lieben?

Liebe ist ein so vielfältiges und komplexes Gefühl, dass es tatsächlich sehr schwierig ist zu beschreiben, was dabei in uns vorgeht, was unsere Motivationen und unsere Erwartungen sind, wenn wir lieben. Wenn ich jemandem sage: »Ich liebe Dich«, dann kann das gleichermaßen »Ich begehre Dich« heißen wie »Ich möchte, dass Du glücklich bist« oder auch »Ich brauche Dich und möchte, dass Du Dich um mich kümmerst«, »Ich bin glücklich, dass es Dich gibt« usw. Und in einer Liebesbeziehung ist das manchmal alles gleichzeitig enthalten! *Erōs* (die begehrende Liebe, die an den Mangel geknüpft ist), *philía* (die freundschaftliche Liebe, die eine Wahl einschließt und auf Gegenseitigkeit beruht) und *agápē* (die sich schenkende und völlig selbstlose Liebe) sind ziemlich oft eng miteinander verknüpft, daher kommt dann auch die Komplexität und Mehrdeutigkeit von Liebesbeziehungen. Es ist also wichtig, ich komme immer wieder darauf zurück, dass wir lernen, uns selbst zu erkennen, unsere wahren Beweggründe zu durchschauen. Man hat das Recht, eine Leidenschaft auszuleben, aber man sollte dabei auch wissen, dass man jede Form von Realismus verliert! – In jedem Fall verlieren wir jegliche Objektivität. Und wir müssen auch verstehen, dass wir nur allzu oft unsere eigenen Defizite, Erwartungen, Bedürfnisse auf den anderen projizieren. Spinoza hat das perfekt analysiert. Er definiert die Liebe bündig und sehr treffend als »Lust, verbunden mit der Idee einer äußeren Ursache«. Das trifft genau zu: Lust bzw. Freude empfinden wir nicht durch die Ursache (etwa die geliebte Person), sondern durch die Vorstellung, die wir uns von ihr machen. Doch wie ich zuvor sagte, kann diese Vorstellung angemessen oder unangemessen, wahr oder falsch sein. Wenn wir die Person gut kennen und wenn wir sie um ihrer selbst willen lieben, dann ist die Freude, die sich davon herleitet, eine »aktive«, tiefe und dauerhafte Freude. Wenn wir sie hingegen schlecht kennen sowie all unsere Erwartungen und unsere kindlichen ungestillten Bedürfnisse auf sie projizieren – was in einer leidenschaftlichen Liebesbeziehung häufig vorkommt –, dann ist die Freude »passiv«, intensiv, aber nicht von Dauer. Spinoza sagt uns, dass sie sich früher oder später – wenn die Illusion verflogen ist –, in Traurigkeit verwandeln wird und manchmal die Liebe sogar zu Hass wird (dann werfen wir dem anderen vor, uns getäuscht oder verraten zu haben).

Dieser destruktive Charakter der Liebe ist im Übrigen nicht ausschließlich an die leidenschaftliche Liebe geknüpft. Er kann auch in einer Freundschaft oder in einer Eltern-Kind-Beziehung zum Vorschein kommen, wenn diese eher auf den Mangel gegründet ist und auf die daraus folgende Vereinnahmung des anderen. Das ist der klassische Fall der Eltern, die ihr Kind nur unter bestimmten Bedingungen lieben, die ein starkes Besitzgefühl und den Wunsch haben, dass es das verwirklicht, was sie sich wünschen (so möchten sie über ihre Nachkommenschaft verwirklichen, was ihnen selbst nicht gelungen ist). Wenn ihr Kind versucht, ihrem Einfluss zu entkommen, indem es zum Beispiel einen Lebensentwurf, einen Beruf oder eine Religion wählt, die der ihren entgegengesetzt ist, dann werden sie böse und können sogar die Beziehung vollständig abbrechen, weil sie ihm vorwerfen, dass es sie unglücklich mache oder Verrat übe. Das Kind ist, oft ohne dass die Eltern sich dessen bewusst sind, dazu da, eine Leere oder einen Mangel zu füllen. Versucht es, der Macht dieser Zuschreibung zu entkommen, wird es zum Verräter. Wenn Liebe sich richtig, dauerhaft und tief entfalten soll, brauchen wir ein Bewusstsein unserer selbst, Erkenntnis, Wohlwollen und Freigiebigkeit. Ob es um unseren Ehegatten, unsere Freundin oder unser Kind geht – behalten wir doch bitte stets im Kopf, dass uns dieser andere nicht gehört. Diesen wahrhaftig zu lieben bedeutet, sein Glück zu wollen – das ist für eine Paarbeziehung und eine Freundschaft notwendig –, so wie er auch das unsere möchte. Wir freuen uns über das

Glück unserer Angehörigen, selbst wenn sie eine andere Wahl als wir selbst treffen. Der libanesische Dichter Khalil Gibran drückt das perfekt in seinem Buch *Der Prophet* aus, indem er im Hinblick auf unsere Kinder schreibt: »Eure Kinder sind nicht eure Kinder. Sie sind Söhne und Töchter der Sehnsucht allen Lebens nach sich selbst.«. Deshalb fordern uns Weisheitslehren auf, zu lieben, ohne anhänglich zu sein.

Wie soll das gehen? Wenn man nicht gerade Mönch ist, wie soll man dann seine Ehepartner oder seine Kinder gewissermaßen gleichgültig lieben?

Dass wir mit dem Herzen an unseren Angehörigen und Freunden hängen, ist völlig normal. Das Gegenteil wäre ja beunruhigend! Wenn man in der Weisheitslehre von »Gleichgültigkeit« oder von »Nicht-Festhalten« spricht, ist damit eine Haltung gemeint, in der man den anderen nicht an sich reißt und ihn um jeden Preis festhält, ihn nicht als seine Sache oder sein Eigentum betrachtet. Es geht auch darum, sich vor einer Abhängigkeitsbeziehung zu schützen: Lieben wir doch das Leben, ohne dies ausschließlich durch das Prisma einer Gefühlsbeziehung zu tun. Man kann sich also (mit dem Herzen) verbunden fühlen, ohne zu klammern (das wäre Besitzdenken oder Abhängigkeit).

Unser Geist ist in der Lage, uns von diesem Klammern und Besitzdenken zu befreien, von dieser Abhängigkeit, die schon so viel Unglück oder Dramen verursacht hat. Unser »Nicht-Festhalten« ist also nicht das Ergebnis fehlender, sondern vielmehr einer herausragenden Liebe. Weil man den anderen ohne Besitzanspruch oder Abhängigkeit lieben möchte, kultiviert man das »Nicht-Festhalten«. Es ist schon klar, dass man auch aus mangelnder Liebe »loslassen« kann.

Doch wir dürfen diese beiden Formen von Gleichgültigkeit nicht verwechseln, denn sie haben nichts miteinander zu tun.

Selbst, wenn man diese Gleichgültigkeit, dieses Loslassen pflegt, wie kann es sein, dass man nicht völlig zusammenbricht, wenn zum Beispiel plötzlich ein naher Verwandter stirbt?

Der Verlust eines Verwandten, eines Ehegatten oder eines lieben Freundes stürzt uns in tiefe Traurigkeit, weil wir getrennt werden von einem Menschen, den wir lieben. Doch die Traurigkeit hat einen unterschiedlichen Charakter, je nachdem, ob wir in einer Festhalten-Besitzdenken-Abhängigkeit stecken oder in einer Nicht-Abhängigkeit. Im ersten Fall bricht für uns eine Welt zusammen und das Sterben des Angehörigen wirft uns auf unsere Unzulänglichkeiten zurück, auf unsere emotionale Zerbrechlichkeit, ja sogar auf unsere eigene Angst vor dem Tod. Im zweiten Fall akzeptieren wir den Verlust dieses lieben Wesens, indem wir das universelle Gesetz von Geburt und Tod annehmen. Vielleicht wissen wir ja, dass sein Hinscheiden auch gut für ihn war, und erinnern uns an alle glücklichen gemeinsamen Momente. Dann können wir sogar mitten in unserer Traurigkeit eine gewisse Freude spüren. Ich habe das erlebt, als meine Lebensgefährtin verstorben ist, oder auch beim Tod meines Vaters. Offenkundig hat mir auch mein Glaube daran, dass ihr Geist in einer anderen Dimension weiterexistiert, sehr geholfen. Montaigne behauptet, er habe fünf seiner Kinder »ohne Groll« verloren. Das soll nicht heißen, dass er darüber keine Traurigkeit empfand, sondern dass er nicht zornig auf das Leben war, dessen Gesetze er akzeptierte. Das drückt auch sehr schön folgende taoistische Geschichte aus:

Zhuangzis Frau war gestorben; als Huizi kam, sein Beileid zu bekunden, hockte Zhuangzi auf dem Boden, trommelte auf einem Becken und sang. Huizi sprach: »Du hast mit ihr zusammen gelebt, Kinder aufgezogen, ihr seid zusammen alt geworden, bis sie gestorben ist – nicht um sie zu weinen, ist schon ein starkes Stück, doch du trommelst und singst, geht das nicht zu weit?« Zhuangzi sprach: »Nein, so ist es nicht. Im ersten Moment, als sie gestorben war und mich allein zurückließ, da konnte ich nicht anders als die anderen damit umgehen [und war voller Trauer]! Doch dann blickte ich zurück auf ihren Ursprung, auf ihren Zustand, bevor sie geboren war, nicht nur auf die Zeit vor ihrer Geburt, sondern als ihr Körper noch keine Form hatte, nicht nur auf die Zeit, als sie noch keine Form hatte, sondern als sie noch gar keine Lebenskraft hatte. Wie eine Pflanze aus der Mitte des Samens hervorsprießt, geschah eine Wandlung und es entstand Lebenskraft, die Lebenskraft wandelte sich und es entstand eine Form, die Form wandelte sich und es entstand Leben; jetzt geschah wiederum eine Wandlung und sie starb – das alles lässt sich betrachten wie die Abfolge von Frühling und Herbst, Sommer und Winter im Lauf der vier Jahreszeiten. Nun ruht sie in der Großen Halle – würde ich ihr schreiend und heulend folgen, so hieße das, ich hätte den Lauf des Lebens nicht verstanden, daher habe ich aufgehört zu wehklagen.

Zhuangzi, *Das Buch der daoistischen Weisheit*, [im Erscheinen].

Vom gefangenen Ich zur Freiheit des Selbst

Du hast mehrfach Weisheit mit Freiheit in Verbindung gebracht, ohne das näher zu erklären. Inwiefern kann uns Weisheit freier machen?

Ich dachte nicht an politische Freiheiten – wie beispielsweise Bewegungsfreiheit, Meinungs- oder Redefreiheit –, sondern an innere Freiheit. Man kann zahlreiche politische Rechte haben und doch Sklave seiner Leidenschaften oder seiner Glaubensmaximen und irrigen Ideen sein. Das können wir von zahlreichen Weisen lernen, insbesondere von Spinoza, dessen Hauptwerk *Ethik* einen echten Weg in Richtung Freiheit weist.

Ich dachte, Spinoza glaubte nicht an Freiheit?

Er glaubte nicht an die Entscheidungsfreiheit, das heißt an eine natürliche Fähigkeit, eine Entscheidung ganz ohne inneren Zwang zu treffen. Jedoch glaubte er an die Befreiung von der Sklaverei der Leidenschaften. Man könnte sagen, dass wir für Spinoza nicht frei geboren werden, da wir vollständig durch unsere unbewussten Affekte konditioniert werden, die oft genug an unpassende Vorstellungen geknüpft sind. Allerdings können wir frei werden, indem wir daran arbeiten, unsere Vorstellungen, unsere Glaubenssätze, unsere Begierden und Emotionen zu korrigieren. Darin besteht der ganze Weg zur inneren Befreiung, den er vorschlägt. Spinoza ist ein großer Befreier, in politischer und geistiger Hinsicht zugleich. Politisch, weil er der erste Denker der Aufklärung ist, der ein demokratisches System vorschlägt, das auf der Trennung von politischer und religiöser Macht gründet sowie die Meinungs- und Redefreiheit schützt. Geistig, weil er im Gegensatz zu weiteren Philosophen der Aufklärung, die ihm im 18. Jahrhundert folgen, daran erinnert, dass es für den Menschen gleichermaßen wichtig ist, seinen Geist aus dem Gefängnis unpassender Vorstellungen wie auch aus den daraus folgenden passiven Affekten zu befreien. Indem wir lernen, besser zu denken, gelingt es uns, unsere Begierden auf Personen oder Dinge zu lenken, die uns wachsen lassen und uns dauerhafte aktive Freude bereiten. Auf diese Weise befreien wir uns auch von der Sklaverei der Leidenschaften – die weit gefährlicher ist, weil sie uns nicht bewusst ist – und werden freie Menschen. Er hat wunderbar klar und deutlich sowohl in philosophischen als auch in psychologischen Begriffen die Problematik der Freiheit erklärt, so wie sie bereits die Meister der Antike skizziert hatten. Die Stoiker sagen zum Beispiel, dass wir Schauspielern in einem Theaterstück gleichen. Nicht wir haben entschieden, ob wir diese oder jene Rolle spielen. Doch steht es uns frei, gut oder schlecht zu spielen, Freude oder Unmut beim Spielen zu empfinden. Für sie, wie auch für Epikur, liegt wahre Freiheit im Inneren; sie manifestiert sich in der Art, wie wir auf Ereignisse reagieren.

Da fallen mir die fernöstlichen Weisheitslehrer ein, die seit fast dreitausend Jahren zur »Befreiung des Geistes« aufrufen. Ist das die gleiche Vorstellung wie bei den abendländischen Philosophen?

Das ist genau die gleiche Vorstellung, allerdings drückt sie sich im indischen kulturellen Kontext durch den Glauben an die Konzepte des *Karma* und der Seelenwanderung aus. Die Inder sind völlig überzeugt, dass es ein universelles Kausalitätsgesetz gibt: Jede Handlung ruft eine Wirkung hervor. Sie denken außerdem, dass jedes Lebewesen ein Körnchen des Göttlichen (des unpersönlichen *Brahman*) in sich trägt: den *Atman*. Der *Atman* wandert von Leben zu Leben, von Körper zu Körper (auch der Tiere), bis es ihm gelingt, den endlosen Kreislauf der Wiedergeburten (*Samsara*) zu durchbrechen, weil er sich von der Unwissenheit befreit. Dadurch wird ihm bewusst, dass er nicht mit dem Ich übereinstimmt, sondern mit einem Körnchen des Göttlichen. Dies ist die Verwirklichung des Selbst. Indem er durch spirituelle Bewusstseinsfindung, die ihn sowohl vom Unwissen als auch aus dem Gefängnis der Leidenschaften befreit, vom Ich zum Selbst kommt, gelangt der Mensch zur Erlösung (*Moksha*), die die Buddhisten ›Erwachen‹ nennen. Nun wird er nicht mehr wiedergeboren, sondern lebt in einem Zustand ewiger Glückseligkeit, dem *Nirwana*, einer anderen Dimension, die zu verstehen oder zu beschreiben mit unseren menschlichen Vorstellungen und Worten unmöglich ist.

Kannst du diesen Übergang vom Ich zum Selbst etwas genauer beschreiben? Warum sind wir Gefangene unseres Egos, und vor allem: Wie definierst Du dieses Ego?

Der großen hinduistischen Philosophie und Psychologie des *Vedanta* zufolge, ist unsere tiefste Identität der *Atman*, der göttliche Funke in uns (das Äquivalent zum *Logos* der Stoiker). Das Problem ist, dass wir das sehr schnell vergessen, denn schon in den ersten Wochen unserer Existenz beginnen wir, uns mit unserem Ich zu identifizieren. Das

Ego, das in gewisser Weise dem »Ich« der Psychoanalyse entspricht, ist das Gefühl, als unabhängiges und einzigartiges Individuum zu existieren. Es entsteht durch den Blick der anderen sowie alle Ideen und Gefühle, die sich daraus herleiten. Das kleine Kind versteht durch den Blick seiner Mutter, dass es von ihr getrennt ist und eine eigene Identität hat, also Bedürfnisse und Interessen, die nur ihm selbst gehören. Es wird also nach dem streben, was ihm guttut, was ihm angenehm ist; dagegen wird es zurückweisen, was ihm unangenehm ist und was ihm eventuell schadet oder seinen Interessen entgegensteht. Unser Ego ist überlebensnotwendig. Ohne Ego würden wir alle psychisch krank werden und unfähig, uns zu verteidigen. Durch das Ego haben wir ein Gefühl autonomer Existenz, streben nach dem, was gut für uns ist, und schützen uns so vor Gefahren. Ein gut strukturiertes Ich oder Ego ist unabdingbar für eine gute psychische Entwicklung des Einzelnen. Doch daraus ergeben sich zwei Probleme. Erstens, dass wir uns zu sehr auf uns und unsere Bedürfnisse fokussieren, so dass wir die anderen vergessen. Die Erziehung muss eine doppelte Aufgabe erfüllen: Sie muss dem Kind dabei helfen, ein gut strukturiertes Ich zu entwickeln, das heißt also, sich selbst richtig einzuschätzen und sich zu lieben, aber es muss auch fähig sein, auf andere Rücksicht zu nehmen und zu teilen. Die biblische Formulierung »Liebe Deinen Nächsten wie Dich selbst« oder die berühmte Goldene Regel, die alle antiken Kulturen kennen – »Was Du nicht willst, dass man Dir tu', das füg' auch keinem andern zu« –, fassen prägnant zusammen, dass wir ein Gleichgewicht zwischen Eigenliebe und der Liebe zu anderen finden müssen, zwischen Respekt vor uns selbst und Respekt gegenüber anderen. Sie zeigen, wie eng beide Dimensionen miteinander verbunden sind.

Ich verstehe gut, dass man ein Gleichgewicht zwischen Eigen- und Fremdliebe, zwischen Egoismus und Altruismus finden muss. Aber wie und warum soll man sich dann vom Ego befreien, um zum Selbst zu gelangen?

Das ist das zweite Problem, vor das uns das Ego stellt: Letztlich identifizieren wir uns mit ihm! Es speist sich zwar aus dem Blick der anderen sowie allen daraus resultierenden Vorstellungen und Gedanken, aber es bildet nicht unsere innerste Identität ab, denn die ist eine göttliche oder kosmische Essenz, die das Selbst genannt wird. Sobald wir verstehen, dass wir mehr sind als dieses Ego, werden wir zum Selbst. Diese Bewusstwerdung ist eine Art Erwachen oder Erleuchtung. Sie befreit uns von dem Zwang, uns ausschließlich mit unserem Ich zu identifizieren, das ständig durch den Blick der anderen beeinflusst wird, das anfällig ist für Komplimente wie für Kritik und das um jeden Preis seine Interessen verteidigen möchte.

Die Verwirklichung des Selbst kann sowohl in spirituellen Begriffen aus der fernöstlichen Weisheit beschrieben werden als auch in den psychologischen Begriffen der Jung'schen Individuation, auf die ich bereits hingewiesen habe. Sie eröffnet uns insofern einen neuen Blick auf uns selbst und unsere Beziehung zur Welt, als wir erkennen, dass wir Teil eines Ganzen sind. Unsere innerste Identität ist viel einzigartiger, als wir es uns vorstellen, zugleich ist sie aber gebunden an das Absolute, an eine universelle, im Kosmos gegenwärtige Energie, welche in den Weisheitslehren ganz unterschiedliche Namen hat: Gott, das Göttliche, der Logos, Tao, Brahman, die Weltenseele usw.

Die Weisheit der Kinder

Du hast am Anfang unseres Gesprächs gesagt, dass philosophische Weisheit selbst Kindern zugänglich sei. Ist das nicht ein bisschen übertrieben? Man braucht schon ein gewisses Verständnis für abstrakte Konzepte und eine gute Sprachkompetenz, um Platon und Epikur zu lesen, oder etwa nicht?

Selbstverständlich. Aber Du verwechselst Philosophieren mit dem Erlangen von philosophischem Wissen. Es ist offensichtlich, dass ein siebenjähriges Kind weder Kants *Kritik der reinen Vernunft* lesen kann noch die *Nikomachische Ethik* von Aristoteles. Die Lektüre großer philosophiegeschichtlicher Werke können selbst besonders begabte Individuen nicht vor der Pubertät bewältigen. Folglich leuchtet es mir ein, dass man Philosophie als Wissenschaft erst im Abiturjahrgang kennenlernt, obwohl ich finde, dass man damit durchaus schon in der 10. Klasse anfangen könnte. Trotzdem kann man mit dem Philosophieren und der Suche nach Weisheit viel früher beginnen. Epikur leitet seinen *Brief an Menoikeus* wie folgt ein:

> Wer jung ist, soll nicht zögern zu philosophieren, und wer alt ist, soll nicht müde werden im Philosophieren. Denn für keinen ist es zu früh und für keinen zu spät, sich um die Gesundheit der Seele zu kümmern. Wer behauptet, es sei noch nicht Zeit zu philosophieren oder die Zeit sei

schon vorübergegangen, der gleicht einem, der behauptet, die Zeit für die Glückseligkeit sei noch nicht oder nicht mehr da. Darum soll der Jüngling und der Greis philosophieren, der eine, damit er im Alter noch jung bleibe an Gütern durch die Freude am Vergangenen, der andere, damit er gleichzeitig jung und alt sei durch die Furchtlosigkeit vor dem Künftigen. Wir müssen uns also kümmern um das, was die Glückseligkeit schafft: wenn sie da ist, so besitzen wir alles, wenn sie aber nicht da ist, dann tun wir alles, um sie zu besitzen.

Epikur, »Epikuros grüßt den Menoikeus«, in: Ekkehard Martens, *Ich denke, also bin ich. Grundtexte der Philosophie*, S. 80.

Kinder stellen in der Tat schon früh Fragen zur Kunst des Glücklichseins. Sie werden ja mit inneren Konflikten konfrontiert oder mit emotionalen Schwierigkeiten. Dann fragen sie sich, wie sie diese lösen sollen, wie sie lernen sollen, mit ihren Gefühlen umzugehen. Aristoteles sagt uns, dass die Philosophie mit dem Staunen beginnt. Sobald man staunt, betritt man den Kreislauf von Fragen und Erklärungen. Kinder verbringen ihre Zeit damit zu staunen, zu fragen, und sie machen sich schon in sehr jungen Jahren Gedanken über den Sinn des Lebens. Ich unterrichte seit mehreren Jahren Philosophie, und zwar von der Vorschule bis zum Ende der Grundschulzeit. Immer wenn ich fünf- bis elfjährige Kinder frage, welche Themen sie in meinen Philosophieworkshops behandeln möchten, antworten sie: das Glück, den Sinn des Lebens, den Tod, die Liebe, die Freiheit usw. All diese großen Fragen faszinieren sie. Und ihre Antworten sind oft von großer Weisheit durchdrungen.

Aber ist ein Philosophieworkshop mit Kindern nicht einfach Wissensvermittlung, so wie im Abiturjahrgang?

Das ist sehr unterschiedlich. In einem Philosophieworkshop begibt sich der Veranstalter (der Lehrer oder ein anderer Erwachsener) auf das Niveau der Kinder. Er tritt nicht in der Haltung eines Lehrenden auf. Das beginnt damit, dass er sich mit allen Kindern in einen Kreis setzt und dann nichts weiter tut, als die Diskussion anzustoßen, ohne zu sagen, was er denkt, oder zu beurteilen, was die Kinder sagen. Er erklärt ihnen, dass sie nicht da sind, um Gehörtes zu wiederholen oder um Noten zu bekommen, sondern um ihre Gedanken auszusprechen, um die Gedanken der anderen zu hören und gemeinsam nachdenkend voranzukommen. Ist das Gesprächsthema erst einmal ausgewählt, erteilt der Veranstalter reihum das Wort und passt auf, dass alle Kinder, die etwas sagen möchten, auch zu Wort kommen, dass sie aufmerksam zuhören, dass sie auf das Thema konzentriert bleiben und mit Respekt diskutieren, indem sie rationale Argumente verwenden.

Seit wann gibt es diese Praxis, mit Kindern zu philosophieren? Ist das in französischen Grundschulen üblich?

Die Idee, mit Kindern zu philosophieren, wurde in den USA in den 1970er Jahren unter dem Einfluss des amerikanischen Pädagogen Matthew Lipman entwickelt. Sie wurde dann von der frankophonen Welt übernommen, wahrscheinlich über die Vermittlung des Kanadiers Michel Sasseville sowie der Franzosen Michel Tozzi und Jacques Levine. Bis 2018 hat sich diese Idee schon in 70 Ländern verbreitet, und seit 2016 gibt es einen UNESCO-Lehrstuhl, den die Französin Edwige Chirouter innehat, die auch das fachpraktische Universitätsdiplom Philosophieren mit Kindern an der Universität Nantes ins Leben gerufen hat. Ich wollte auch etwas zur Entwicklung dieser Praxis beitragen, deren außergewöhnlich positive Wirkung ich bestätigen kann, nachdem ich ungefähr 50 Philosophieworkshops in zahlreichen frankophonen Ländern gemacht habe. Also habe ich die Stiftung SEVE (*Savoir Être et Vivre Ensemble*, etwa: ›Sein lernen und zusammen Leben‹) mit ins Leben gerufen. Sie wird von der Fondation de France gefördert, die (ohne kommerzielle Interessen) Lehrenden und pädagogischen Laien Seminare anbietet, in denen diese lernen, wie man Philosophieworkshops mit Kindern und Jugendlichen anleitet. Innerhalb von zwei Jahren haben schon über 3000 Personen in Frankreich, der Schweiz, in Belgien, Kanada und Luxemburg diese Seminare besucht; dementsprechend konnten Zehntausende von Kindern in den Schulen davon profitieren. Es gibt ungefähr zehn weitere Vereinigungen in der frankophonen Welt mit dem gleichen Ziel: PhiloJeunes, Les Petites Lumières, Les Francas, PhiloCité, Éducphilo usw. Das ist also eine echte Graswurzelbewegung, auch wenn sie noch auf den Widerstand derer trifft, die meinen, philosophische Reflexion könne erst später beginnen.

Ich verstehe diesen Widerstand, denn ich kann mir nur schwer vorstellen, dass Kinder unter zehn Jahren zu einer philosophischen Reflexion fähig sind, die so tief geht wie die von Erwachsenen!

Montaigne schreibt in Kapitel XXVI des Ersten Buches der *Essais* in Bezug auf die Philosophie: »Schon ein ganz kleines Kind kann sie erfassen; viel leichter als Lesen und Schreiben zu lernen.« Wie ich bereits gesagt habe, stellen schon sehr junge Kinder tiefgründige Fragen zum Sinn des Lebens, zu Gott, dem Tod, dem Glück usw., und sobald sie sechs oder sieben Jahre alt sind, können sie argumentieren, debattieren und problematisieren. Ich erinnere mich an einen meiner ersten Philosophieworkshops mit sechs- oder siebenjährigen Kindern in einem kleinen Dorf am Cap Corse. Sie wollten über das Glück sprechen. Mehrere haben den Gedanken entwickelt, dass Glück in der Verwirklichung unserer Bedürfnisse bestehe. Einer von ihnen hob die Hand und widersprach: Wenn das stimmte, wären wir niemals glücklich, weil wir immer neue Wünsche hätten. Und er fügte hinzu: »Ich habe schon als Fünfjähriger verstanden, dass ich, wenn ich glücklich sein möchte, mit dem zufrieden sein muss, was ich schon habe.« – »Heißt Du etwa Seneca?«, fragte ich ihn. – »Nein, Julien«, hat er geantwortet. Schließlich hat er den Rest der Klasse überzeugt, dass das Glück nicht nur in der Befriedigung seiner Bedürfnisse liegen könne. Ein anderes Kind fragte ihn: »Und was heißt Glück dann für Dich?« Nach einigem Überlegen antwortete er: »Einfach nur leben, auf der Welt sein.« Seneca hätte kaum besser antworten können! Ich erfuhr dann einige Tage später, dass er abends nach Hause kam und begeistert rief: »Mama, Mama, es ist doch verrückt, dass ich siebeneinhalb Jahre alt werden musste, bis ich philosophieren konnte!«

Kinder freut es, sagen zu können, was sie über wichtige Themen denken, zu denen sie sonst oft nicht befragt werden. Man glaubt ja, das seien ausschließlich Erwachsenen vorbehaltene Themen.

Philosophieworkshops machen Kindern nicht nur deshalb viel Spaß, weil sie der einzige Raum sind, in denen sie ohne Benotung oder Beurteilung frei ihre Gedanken ausdrücken können, sondern auch, weil sie dort lernen zu beurteilen und zu argumentieren, ein kritisches Denken zu entwickeln. Wie schon Montaigne sagte, darf Erziehung nicht nur daraus bestehen, »ein Gefäß zu füllen« und »volle Köpfe« zu schaffen, sondern sie muss auch »ein Feuer entzünden« und »wohlgebildete«, also zu eigenem Denken fähige Köpfe schaffen. Heutzutage, in einer Umgebung, in der die Kinder mit einer Masse ungeordneter und manchmal falscher Informationen (Gerüchten, Verschwörungstheorien usw.) konfrontiert werden, scheint mir nichts wichtiger, als dass man ihnen ermöglicht, einen kritischen Geist und Urteilskraft zu entwickeln.

Mir kommt ein anderes verblüffendes Beispiel in den Sinn, das an ein aktuelles Thema anknüpft. Einige Monate nach den schrecklichen Attentaten in Paris Ende 2015 habe ich einen Philosophieworkshop in einer Grundschulklasse über ein typisches Weisheitsthema veranstaltet: »Was ist ein gelingendes Leben?« Während viele Kinder das Gelingen eines Lebens an das Glück knüpften, ergriff ein neunjähriges Kind das Wort und sagte: »Die Terroristen waren glücklich, weil sie Leute getötet haben. Aber ich finde, dass ihr Leben nicht gelungen ist.« – »Warum?«, fragte ich. – »Weil Glück wichtig ist für ein gelingendes Leben, aber man muss auch die anderen respektieren.« Die Mehrheit der Kinder stimmte zu, und eins nach dem anderen sagte so etwas wie: »Ja, ein gelingendes Leben heißt glücklich sein, wenn man den anderen nicht schadet, wenn man gerecht ist« usw. Dem kleinen Jungen, der diesen Gedanken zuerst ausgesprochen hatte, antwortete ich: »Weißt Du, es gibt einen großen Philosophen namens Sokrates, der vor 2500 Jahren fast das gleiche wie Du gesagt hat.« Und das Kind erwiderte: »Ich bin froh, dass Sokrates denkt wie ich!« Von dieser Antwort war ich wirklich begeistert. In solchen Philosophieworkshops zeigt sich der wahrhaft universelle Charakter menschlicher Vernunft und der darin wurzelnden philosophischen Reflexion. Kinder entdecken beim gemeinsamen Nachdenken ganz von selbst Wahrheiten und Argumente, die uns bereits die Autoren der Antike erklärt haben. Und das wird sie ihr Leben lang prägen. Wenn ich ihnen hingegen einen Vortrag gehalten hätte über »Seneca und das gute Leben« oder »Seneca und das Glück«, hätten sie vielleicht nichts verstanden oder es bald wieder vergessen.

Du hast oft gesagt, Freude sei ein mit Weisheit verbundenes Gefühl. Es heißt ja, dass kleine Kinder oft sehr fröhlich sind. Ist das auch ein Zeichen ihrer frühreifen Weisheit, oder hat es damit nichts zu tun?

Die Freude kleiner Kinder ist für mich die perfekte Freude! Das ist genau jene, welche die Weisen mit so viel Zeit und Anstrengung wiederzufinden versuchen! Kleine Kinder sind noch nicht von ihrem Ego überwältigt, sie leben ganz in der Gegenwart und legen eine große Spontaneität an den Tag: Das sind drei wesentliche Voraussetzungen für Weisheit. Deshalb sind sie so fröhlich, und genau deswegen nennen die großen Meister der Weisheit sie wiederum als Beispiel. Jesus ruft seinen Jüngern zu, als diese die Kinder wegbringen möchten, weil sie zu laut sind: » Lasset die Kindlein zu mir kommen und wehret ihnen nicht, denn solcher ist das Reich Gottes.« (Matthäus 19,14) Dieser Gedanke ist auch im Taoismus gegenwärtig. Ganz und gar unfähig, allein zu überleben und zu handeln, ist das kleine Kind das Zentrum der Familie, denn seine schiere Gegenwart setzt Erwachsene in Bewegung. Es handelt, ohne zu handeln. Es ist voller Freude und Spontaneität. Aus diesem Grund ist das Modell des taoistischen Weisen nicht der Alte, der alles weiß (oder zu wissen meint), sondern das Kind, wie Laozi schreibt:

> Kennt man seine Stärken, bewahrt man seine Schwächen,
> so macht man das, was unter dem Himmel ist,
> zu einem Bergbach.

Wenn man das, was unter dem Himmel ist,
zu einem Bergbach macht,
dann trennt sich das beständige De [spirituelle Kraft,
Tugend] nicht ab,
dann kann man wieder wie ein Kind werden.

Laozi: *Daodejing. Das Buch vom Weg und seiner Wirkung*, S. 97.

Es gibt noch eine weitere Eigenschaft von Kindern, die mit Weisheit zu tun hat: ihre Fähigkeit zur Begeisterung!

In der Tat! Und ich würde noch eine hinzufügen, die zweifelsohne die wichtigste ist: ihre Fähigkeit, »Ja« zum Leben zu sagen. Kleine Kinder flüchten sich nicht in Realitätsverweigerung oder Ablehnung, wenn sie eine Herausforderung vor sich haben. Ich kenne einen Professor, der eine Einrichtung für Kinder mit Leukämie in einem Krankenhaus leitet. Er erzählte, er sei immer wieder überrascht von der Freude und der Heiterkeit, die trotz ihrer schweren Krankheit und der Perspektive des Todes von den Kindern ausgehe: »Die Eltern reagieren mit Angst und Auflehnung, nicht sie«, sagte er sinngemäß. Weil sie in der unmittelbaren Gegenwart leben, weil sie keine Angst vor dem Tod haben, weil sie sich begeistern und sich vorurteilslos hinterfragen können, weil sie das Leben bejahen, weil sie voller Freude sind, sind Kinder Vorbilder mit ihrer Weisheit – die manche Menschen wie Du oder ich als Erwachsene versuchen wiederzufinden.

Literaturhinweise

Aristoteles: Nikomachische Ethik. Übers. und hrsg. von Gernot Krapinger. Stuttgart: Reclam, 2017. [Universal-Bibliothek. 19448.]

Bruckner, Pascal: Verdammt zum Glück. Der Fluch der Moderne. Ein Essay. Übers. von Claudia Stein. Berlin: Aufbau, 2001.

Comte-Sponville, André: Ermutigung zum unzeitgemäßen Leben. Ein kleines Brevier der Tugenden & Werte. Übers. von Josef Winiger, Nicola Volland und Una Pfau. Reinbek b. Hamburg: Rowohlt, 2010 [u. ö.].

Darwin, Charles: Die Abstammung des Menschen und die sexuelle Selektion. Eine Auswahl. Hrsg. von Ferdinand Fellmann und Bernard Wallner. Stuttgart: Reclam, 2012. [Universal-Bibliothek. 18869.]

Ehrenberg, Alain: Das erschöpfte Selbst. Depression und Gesellschaft in der Gegenwart. Übers. von Manuela Lenzen und Martin Klaus. Frankfurt a. M. / New York: Campus, 2004 [u. ö.].

Epiktet: Handbüchlein der Moral. Übers. von Kurt Steinmann. Stuttgart: Reclam, 2014. [Universal-Bibliothek. 19103.]

Epikur: Briefe, Sprüche, Werkfragmente. Griech./Dt. Übers. und hrsg. von Hans-Wolfgang Krautz. Stuttgart: Reclam, 1980 [u. ö.]. [Universal-Bibliothek. 9984.]

Epicurea. Hrsg. von Hermann Usener. Leipzig: Teubner, 1887.

Freud, Sigmund: Das Unbehagen in der Kultur. Hrsg. von Lothar Bayer und Kerstin Krone-Bayer. Stuttgart: Reclam, 2010. [Universal-Bibliothek. 18697.]

Gibran, Khalil: Der Prophet. Übers. von Theo Kierdorf. Stuttgart: Reclam, 2013. [Universal-Bibliothek. 19082.]

Hadot, Pierre: Philosophie als Lebensform. Geistige Übungen in der Antike. Übers. von Ilsetraut Hadot und Christiane Marsch. Berlin: Gatza, 1991.

Hillesum, Etty: Das denkende Herz der Baracke. Die Tagebücher 1941–1943. Übers. von Maria Csollány. Freiburg i. Br.: Herder, 2014.

Laozi: Daodejing. Das Buch vom Weg und seiner Wirkung. Chin./Dt. Übers. und hrsg. von Rainald Simon. Stuttgart: Reclam, 2009.

Lenoir, Frédéric: Über das Glück. Eine philosophische Reise. Übers. von Elisabeth Liebl. München: dtv, 2015.

Montaigne, Michel de: Essais. Hrsg. und übers. von Arthur Franz. Stuttgart: Reclam, 1969. [Universal-Bibliothek. 8308.]

– Essais. Übers. von Hans Stilett. Frankfurt a. M.: Eichborn, 1998 [Die Andere Bibliothek].

Moses Maimonides. Ein Querschnitt durch das Werk des Rabbi Mosche BenMaimon / Moses Maimonides. Hrsg. und übers. von Nahum Norbert Glatzer. Köln: Hegner, 1966.
Nietzsche, Friedrich: Ecce homo. Wie man wird, was man ist. In: F. N.: Sämtliche Werke. Kritische Studienausgabe in 15 Bänden. Hrsg. von Giorgio Colli und Mazzino Montinari. Bd. 6. München: dtv, 1999 [u. ö.].
Seneca: Briefe an Lucilius. Übers. von Heinz Gunermann, Franz Loretto und Rainer Rauthe. Hrsg., komm. und mit einem Nachw. von Marion Giebel. Stuttgart: Reclam, 2014.
Spinoza, Baruch de: Theologisch-politische Abhandlung. (Übersetzt und erläutert von Julius H. von Kirchmann. Berlin: Heimann, 1870. [Philosophische Bibliothek. Bd. 35.]
– Die Ethik. Lat./Dt. Übers. von Jakob Stern. Stuttgart: Reclam, 1977. [Universal-Bibliothek. 851.]
Zhuangzi: Das Buch der daoistischen Weisheit. Übers. von Viktor Kalinke. Stuttgart: Reclam, 2019 [im Erscheinen].

Danksagung

Ich danke besonders Luc Ferry für die anregenden Gespräche, die wir seit vielen Jahren über dieses Thema führen. Unsere intellektuellen Ansichten gehen zwar oft weit auseinander, doch tut das unserer Freundschaft keinen Abbruch. Vielmehr habe ich zahlreiche Fragen, die ich meinem Fragesteller in den Mund gelegt habe, von ihm übernommen.

Von ganzem Herzen danke ich Julie Klotz für ihre wertvollen Fragen und Anregungen in der Zeit, als ich dieses kleine Buch verfasst habe, und durch die es so lebendig wurde.